Claudia Fuchs
Rich R. Schmidt

Kraftquellen

Persönliche Ressourcen
für gute und schlechte Tage

Klett-Cotta

Alle Bücher aus der Reihe »Klett-Cotta Leben!«
finden sich unter www.klett-cotta.de/leben

Klett-Cotta
www.klett-cotta.de
© J. G. Cotta'sche Buchhandlung Nachfolger GmbH, gegr. 1659,
Stuttgart 2008
Alle Rechte vorbehalten
Fotomechanische Wiedergabe nur mit Genehmigung des
Verlages
Printed in Germany
Umschlag: Roland Sazinger, Stuttgart
Gesetzt aus der Concorde von Kösel, Krugzell
Auf säure- und holzfreiem Werkdruckpapier gedruckt
und gebunden von Kösel, Krugzell
ISBN 978-3-608-86013-9

Bibliografische Information der Deutschen Nationalbibliothek
Die Deutsche Nationalbibliothek verzeichnet diese Publikation
in der Deutschen Nationalbibliografie; detaillierte bibliografische Daten sind im Internet über http://dnb.d-nb.de abrufbar.

Inhalt

»Ich will nur die AUFs« – The Lucy Way 7
  Gespräche in der Lounge 18

Einleitung 21

Kraftquelle 1
Auf die innere Stimme hören 26
  Lounge der Leben: die innere Stimme 28

Kraftquelle 2
Umgang mit Gefühlen: Fürchte nichts! 32
  In der Lounge: Umgang mit der Angst 37

Kraftquelle 3
Alleinsein mit sich: Intimität mit sich selber pflegen 40

Kraftquelle 4
Lebens-Geschichten oder: Geschichten als Lebens-Mittel . . 43
  Die Lounge und ihre Geschichten 51

Kraftquelle 5
Aktive Selbstsorge 53
  In der Lounge: Den Mut haben, zu sich zu stehen 59

Kraftquelle 6
Optionen wahrnehmen: Die Bagel-Falle,
win-win und wu wei 62
  Die Lounge kann sich nicht entscheiden 72

Kraftquelle 7
Sich aktualisieren 76
In der Lounge tun sie so als ob 85

Kraftquelle 8
Den Blickwinkel ändern 89
Die Lounge wirft einen neuen Blick auf die Welt 93

Kraftquelle 9
Count your blessings! Start now! 97
Heute in der Lounge: Die Leben zählen
ihre Geschenke 98

Kraftquelle 10
Bleiben Sie bei sich: Gefühlsgewohnheiten aufgeben 100
Kurt, die Lounge und die Macht der Gewohnheit 104

Kraftquelle 11
Trost 106
Die Lounge der Leben zur Frage: Was kann trösten? . . . 116

Kraftquelle 12
Leben im Jahreskreis, Leben in Verbundenheit,
Leben mit den Elementen 119
Die Lounge macht einen Ausflug 120

Nachwort
Der Tanz des Schmetterlings: verliebt in den Moment 123

Dank der Autorinnen, Seminare und Kontakt 125

Ressourcen des guten Lebens: Bücher, Medien, Orte 126

»Ich will nur die AUFs« – The Lucy Way

»Es gibt im Leben AUFs und ABs …!« – »Ich will nur die AUFs!«

Sie kennen Lucy van Pelt von den Peanuts?

Als sie von ihren Freunden die Lebensweisheit hört: »Es gibt im Leben AUFs und ABs«, hat sie eine ganz klare Antwort: »Ich will nur die AUFs!«

Was meinen Sie? Hat sie recht? Auf den ersten Blick scheint sie doch etwas naiv zu sein. Will sie ausschließlich das Gute oder das Sich-gut-gehen-Lassen im Leben? Will sie Liebe, gute Beziehungen, Erfolg im Beruf, Gesundheit und Glück? Wie in der Werbung, in der ein Mann einem anderen Fotos wie Spielkarten auf den Tisch haut und sagt: »Meine Frau, mein Boot, mein Haus«?!

Will sie, vielleicht zu Recht, das nicht, was für sie schwierig ist oder was sich schlecht anfühlen mag wie Krisen, Krankheit, Wendezeiten und Trauer?

Negiert sie mit ihrer Aussage nicht nur die Phasen, in denen es uns schlecht geht und wir uns unwohl fühlen? Lebenszeiten, die schwierig sind oder schwierig erscheinen, weil wir nicht weiterwissen und die Zukunft offen und unkontrollierbar erscheint? Situationen, in denen etwas auf uns zukommt, mit dem wir nicht umzugehen wissen, oder Ereignisse, bei denen wir uns hilflos fühlen, machtlos im eigentlichen Sinne des Wortes, mit dem Gefühl, keine Handlungsmacht über das Leben zu haben, die aber, genau betrachtet, zum Leben gehören? Das unwägbare Leben zwischen Geburt und Tod mit all seinen oft so überraschenden Wendungen, das Leben, in dem wir lernen können, uns selbst und unserer Essenz, unserem Gemeintsein näher zu kommen. Das Leben, in dem funktionieren wollen oft in eine

Sackgasse führt, weil die sprudelnde Quelle des Seins aus dem Moment entstehen kann?

Vielleicht will Lucy sich gar nicht so viel mit sich selbst beschäftigen. Sie fühlt sich ganz in ihrer Mitte, ist von sich selbst überzeugt und weiß, wie das Leben läuft. Sie hat keine Selbstzweifel. Sie sieht vielleicht keinen Handlungsbedarf, an ihrem Handwerkszeug, im Leben zurechtzukommen, etwas zu verändern. Sie braucht scheinbar keine weiteren Ressourcen – Quellen und Möglichkeiten, um mit belastenden Lebensereignissen umzugehen. Sie ist ganz klar. Sie will nur die AUFs. Und sie hat bemerkenswert wenige Krisen, ganz im Gegensatz zu den anderen Figuren bei den Peanuts. Ist ihre Haltung der Schlüssel zum Wohlbefinden oder gar zum Glück?

In diesem Buch versuchen wir genau dies zu ergründen. Was ist der Schlüssel zum Wohlbefinden, vielleicht zu einem glücklichen Leben? Passiert Leben einfach, oder kann ich etwas tun? Was kann ich tun, wenn Leben einfach so passiert? Kann ich überhaupt selbst etwas tun? Oder gilt es, Gleichmut zu bewahren wie in der folgenden Geschichte?

Anfang und Ende sind eins

Eine gewagte These, könnte man sagen. Anfang und Ende sollen eins sein? Wenn das so wäre, was folgte denn daraus?

Nehmen wir einmal an, Sie beziehen eine neue Wohnung. Oder auch: werden geboren. Die neue Wohnung ist ein Anfang in neuen Räumen, und in dem Moment, wo Sie dort einziehen, ist es ein Ende des Bewohnens alter Räume. Dort richten Sie sich nach Ihrem Geschmack und Geldbeutel ein. Sie fangen vielleicht an, sich behaglich zu fühlen. Und hier könnte spätestens das Leid beginnen. Es kommt die Angst. Was ist, geht Ihnen durch den Kopf, wenn mir die Wohnung wieder gekündigt wird? Was ist, wenn eingebrochen wird? Was ist, wenn Partygäste den neuen Teppich ruinieren …

Also fangen Sie vielleicht an, sich anzustrengen, und versuchen, Kontrolle über die Situation zu gewinnen. Sie schließen eine Hausratversicherung ab – als könnte die vor dem Verlust, vor dem Ende schützen. Klar, Sie erhalten Geld, um sich wieder einrichten zu können. Doch der emotionale Gehalt der Dinge lässt sich nicht kaufen. Wir erleben einen Verlust.

Dann überlegen Sie, die Wohnung zu kaufen, was neue Verträge nach sich zieht. Aber womöglich ein Sicherheitsgefühl gibt.

Kaum, dass wir uns behaglich fühlen, wollen wir uns dort einrichten, die Zeit anhalten, das Ende der Situation abwehren. Und wie machen wir das? Durch magisches Handeln. Wir tun Besonderes, damit es wie Magie die künftige Situation in einem für uns guten Gefühl bleiben lässt. So heiratet Tom Cruise in einem Schloss bei Rom – als könnte die Größe der Feier ein Unterpfand sein für den Bestand der Ehe bzw. gegen die Veränderung oder das Ende der jetzt so begonnenen Beziehung.

Es gibt viele Wege des magischen Handelns. Sie alle dienen dazu, mir vorzugaukeln, dass ich durch meine Kontrolle das Ende und die Veränderung abwehren kann. Grübeleien und sich Sorgen machen gehören genauso dazu, wie mir Zukunftshorrorvisionen auszumalen, jeden Tag auf meine vorhandene Geldsumme oder meine Aktienkurse zu gucken, Angst zu bekommen und unglücklich in meiner Wohnung/in meinem Leben zu sitzen, niedergedrückt zu sein, weil es ja eh auf ein Ende zugeht; keine Entscheidungen mehr zu treffen, weil in der Entscheidung auch der Verlust, also das Ende liegt (wobei auch in der Nicht-Entscheidung eine Entscheidung liegt), in der Angst, zu übermäßigem Essen, Alkohol oder TV-Konsum zu greifen und zu flüchten, andere anklagen, sie seien schuld an unserem Verlust etc. …

All das hilft nicht wirklich gegen die Erkenntnis: Im Anfang liegt das Ende inbegriffen. Früher oder später. Damit schnurrt die Zeit, die eben noch eine Achse von A (wie Anfang) bis E (wie Ende) war, auf einen Punkt zusammen. Auf das Jetzt, könnte man auch sagen. Jetzt, in diesem Moment, habe ich die Wohnung/mein Leben mit seinen Freuden und Leiden. Jetzt im Moment ist die Beziehung glücklich oder auch nicht. Jetzt im

Moment könnte ich Kontrolle loslassen und mich entspannen, ohne Bezugspunkt, jetzt. Mehr ist nicht. Keine Aufregung, kein übermäßiges Glück, kein Trost. Vielleicht Gleichmut.

Das würde bedeuten, dass Lucys Haltung nicht zum Glück führt. Weil auch sie festhalten will, weil auch sie nur eine bestimmte Qualität des Lebens will. Nämlich die AUFs. Das wäre, wie auf der Schaukel nur oben sein zu wollen und den Schwung nicht mehr kriegen zu können aus der Bewegung durch das Tal.

Schwingungsfähig zu bleiben, offen zu sein für das, was kommt, das Ganze eben nehmen, das macht die Bewegung im Leben aus.

Allerdings ergibt sich aus der Haltung Lucys noch eine weitere Frage. Die nach der Erlaubnis. Lucy erlaubt sich die AUFs. Sie erlaubt es sich, dass es ihr nur gut gehen soll, selbst wenn es ihren anderen Kameraden in dem Cartoon durchaus nicht immer prächtig geht, wie etwa Charlie Brown, dessen Drachen immer im Baum hängen bleibt, oder Linus, der ohne seine Schmusedecke nicht leben kann.

Kann ich mir erlauben, dass es mir trotz Leid, trotz Kummer, trotz schwerer Zeiten gut geht? Darf es mir gut gehen, auch wenn es anderen nicht gut geht? Darf ich Mitgefühl haben, wenn ich Leid sehe, muss aber nicht mitleiden?

Darf ich den Blick vom Leid abwenden, und sei es von meinem eigenen, und gut für mich sorgen?

So wie der Mann, der, schwer traumatisiert, sich zum Einschlafen immer vorstellte, er würde in Amerika der Zwanzigerjahre leben. Er stellte sich sein Leben dort bildhaft vor, wie er in Chicago froh lebte, die Musik der Zeit hörte, seiner Arbeit nachging – bis er entspannt darüber einschlief.

Die Entspannung kommt allein daher, dass wir durch Vorstellung oder auch Visualisierung, sich-bildhaft-vorstellen, Einfluss nehmen auf unseren Hirnstoffwechsel sowie den Hormonhaushalt. Wenn wir uns etwas Gutes vorstellen, wird diese synaptische Verbindung, diese »Straße der Gedanken« im Gehirn mehr befeuert als die der leidvollen Erfahrung. Je häufiger wir das machen, desto weniger tiefe Spuren wird die leidvolle Erfahrung hinterlassen. Zudem werden noch Glückshormone ausgeschüttet.

Also viele gute Gründe, einen neuen Blickwinkel, eine neue Sicht zu wagen, wie sie Ihnen auch in diesem Buch vorgestellt werden. Denn was könnte daran falsch sein, diese Möglichkeit zu nutzen. Lucy übrigens hat meistens sich und ihre Interessen im Blick – und ist damit ein recht geschätztes Mitglied der Gruppe.

Seelische Widerstandskraft: Resilienz

In der Psychologie gibt es den Begriff der Resilienz. Es ist die Fähigkeit oder Entscheidungsfreiheit, Möglichkeiten für sich zu nutzen, die das eigene Wohlbefinden steigern oder stabilisieren können.

In Resilienzuntersuchungen wird erforscht, wie Menschen trotz schwieriger Situationen überleben und seelisch gesund bleiben können.

Resilienz wird definiert als *seelische Widerstandskraft*. Diese Kraft kann verstanden werden wie ein Set von Werkzeugen, die ich habe, um im Leben, auch in Krisen und schwierigen Zeiten, zurechtzukommen.

Dazu gehört, über sich und die Lebenssituation mit anderen Menschen sprechen zu können, in der Partnerschaft, in der Familie oder auch in einer Selbsthilfegruppe. Manchmal erfordert das Mut, sich zu zeigen mit all dem, was einen gerade emotional beschäftigt. Manchmal denkt man, man wolle andere gar nicht mit dem Eigenen belasten, und verkennt dabei, dass andere in der Regel mit den Lasten, die man selbst trägt, wenig belastet sind. Wen will man schützen, kann man sich fragen, wenn dieser Gedanke aufkommt. Stärke ist, wenn man sich traut, sich zu zeigen mit allem, was da ist. Auch mit den vielleicht nicht so coolen Seiten: wenn ich Angst habe, wenn ich nicht weiterweiß, wenn mir etwas wehtut, wenn mich etwas erschüttert hat. Sich zeigen und mitzuteilen hilft anderen auch, mit mir besser und meist einfühlsamer umzugehen, da sie mitbekommen, wie es mir geht und was ich brauche. Es ist wie im Straßenverkehr. Wenn da Hinweise sind, kann es mit dem Fahren oft besser klappen.

Der Kontakt und die Qualität von Beziehungen verbessern sich in der Regel, wenn ich mich mitteile. Und indem ich mich mitteile, verstehe ich mich meist selbst auch besser und habe auch da die Möglichkeit, barmherziger oder mitfühlender mit mir selbst umzugehen, mir meine (vermeintlichen) Schwächen zu verzeihen.

Lucy sagt immer gleich, und zwar unverblümt, was ihr auf dem Herzen liegt. Da lässt sie niemanden im Zweifel. Ist das ein Geheimnis ihres Glücks?

Ein weiterer Faktor der Resilienz ist es, *Sinn im Leben zu erfahren.* Und wie der Philosoph Wilhelm Schmid sinngemäß sagt: »Wenn ich Sinn erfahre, sammle ich Glück.«

Eine Frau, die aufgrund ihrer körperlichen Befindlichkeit nicht mehr das Haus verlassen konnte, war darüber recht verbittert geworden. Erst als ein Freund ihr die Aufgabe gab, Kindern etwas vorzulesen, die gezielt zu ihr kamen, erlebte sie wieder Sinn für sich im Leben und konnte einen Teil ihrer Verbitterung gehen lassen.

Was ist für mich sinnvoll? Wofür stehe ich morgens auf? Worauf freue ich mich? Diese Fragen können helfen, sich der eigenen Sinnhaftigkeit zu nähern.

Ein weiterer Faktor von Resilienz ist der, *Dankbarkeit entwickeln zu können.* Und bei genauem Hinsehen gibt es sicherlich einiges, wofür man dankbar sein kann, wie z. B. Liebe zu erfahren oder lieben zu können, Freundinnen zu haben, ein Dach über dem Kopf, reisen zu können etc.

Eine Frau erzählte, dass sie sich all die guten Situationen ihres Lebens wie Perlen einer Kette vorstelle, die sie um den Hals trüge. Wenn sie dann in komplizierten Situationen wäre, könne sie sich diese Perlen durch die Finger laufen lassen. Die Erinnerungen würden ihr helfen, die jetzige Situation besser zu bewältigen. Und es würde ihr klarmachen, dass alles sich ändert, also auch die jetzige, vielleicht schwierige Situation.

Dankbarkeit wärmt und weitet. Und macht froh. Menschen nach Krebserkrankungen sagen häufig, dass sie der Krankheit dankbar seien. Sie habe mehr Reichtum in ihr Leben gebracht, mehr von dem, was wirklich wichtig ist.

Es stärkt unsere seelischen Kräfte, wenn wir *alle Sinne einsetzen*, um Erfahrungen zu sammeln. Schmecken, Hören, Sehen, Fühlen – Achtsamkeit mit allen Sinnen zu üben. Genussvoll durch das Laub zu laufen und auf das Geräusch dabei hören, die Kastanien als Handschmeichler in der Tasche tragen, die Farben der Herbstblätter in allen Facetten von gelb über rot-orange-braun bis hin noch zu grün wahrnehmen oder die Herbstsonne, wie sie schräg und golden durch die sich lichtenden Bäume fällt. Der Geschmack der heißen Schokolade nach einem langen Spaziergang und die Wärme, wie sie sich im Körper ausbreitet.

Resilienz bedeutet auch, ein *Kohärenzgefühl zu entwickeln*. Kohärenz heißt, Sinn-Zusammenhänge für sich herstellen zu können. Wenn ich Sinn erfahre, habe ich eine Erklärung für das gefunden, was mir gerade passiert. Und darin liegt ein Teil der seelischen Verarbeitung

Eine Frau erzählt: »Die Kündigung, so kränkend und angstauslösend ich sie auch erst empfunden habe, ist für mich heute, wo ich meine neue Arbeit habe, bei der ich mich so wohl fühle, sinnvoll gewesen, denn allein wäre ich nicht gegangen, obwohl es mir schon lange nicht mehr auf dieser Stelle gefallen hat. Fast möchte ich dem ehemaligen Arbeitgeber dankbar dafür sein.«

Ein Kohärenzgefühl entsteht auch durch Verbundenheit. Sich verbunden fühlen mit der sozialen oder biologischen Familie, mit der Gemeinschaft, in der ich lebe, oder auch, indem ich mich mit mir verbunden fühle, weiß, wie es mir geht und was ich brauche. Verbundenheit mit sich selbst kann auch durch schreiben geschehen, denn in der Schrift verdoppeln wir unser Selbst und können uns so gegenübertreten und ganz neu betrachten. Jede, die ein Tagebuch führt, kennt dieses Gefühl.

Last, but not least: Auch *Spiritualität* gehört zu den Resilienzfaktoren, ob sie nun als philosophische Geisteshaltung, als buddhistische Lebensphilosophie, im Paganismus oder in einer der sogenannten Hauptreligionen ausgedrückt wird. Für viele Menschen ist auch Naturerfahrung eine dieser Quellen, um Kraft zu schöpfen für ihr Leben.

Ressourcen entwickeln: den Blickwinkel ändern

Ressourcen zu entwickeln, Kraftquellen zu entdecken oder resilient zu sein ist genau betrachtet eine Frage des Blickwinkels. Dieses Buch will Ihnen beiseite stehen, vielleicht einen anderen Standpunkt bei der Betrachtung Ihres eigenen Lebens einzunehmen. Erinnern Sie sich an den Film »Club der toten Dichter«? Der Lehrer empfahl seinen Schülern, auf den Tisch zu steigen und die Welt von dort aus zu betrachten, von dort aus auch Gedichte zu lesen. Wenn Sie Lust haben, probieren Sie es aus, wenn Sie einen Vortrag vorbereiten, Unterricht geben oder ein Gedicht lesen. Mit dem Blickwinkel kann sich das Lebensgefühl verändern.

Oder stellen Sie sich vor, Sie haben Ihr Leben als Bühne vor sich liegen und Sie sind die Beleuchterin. Worauf Sie Ihr Licht strahlen lassen – so wird Ihr entsprechendes Gefühl sein.

Eine Frau, die aufgrund politischer Bedingungen gefangen genommen wurde, erzählte, dass der Gedanke an ihre Partnerin und deren Blick auf sie ihr immer wieder den Mut gaben, sich und die Hoffnung auf Veränderung nicht aufzugeben.

Wie wichtig die Hoffnung ist, kann man auch in den Film »Down by law« von Jim Jarmusch mit Tom Waits, John Lurie und Roberto Benigni sehen, in dem drei Männer inhaftiert sind und die Zeit nervtötend langsam verrinnt. Roberto Benigni kommt in die Zelle und malt, sobald er an Kreide kommt, ein geöffnetes Fenster an die Zellenwand und schafft damit eine Perspektive.

Eliot Pattison beschreibt in seinem Roman, wie in dem von den Chinesen eingerichteten Lager für tibetische Mönche der Protagonist Shan, selbst Chinese und wegen Widerstands verhaftet, bemerkt, dass die Mönche eine Lagerstatt unter ein Loch im Dach der Hütte gelegt hatten. Sie regelten, wer sich dahin legen konnte, um den Himmel und die Weite zu sehen. Anfangs erschien es Shan sinnlos, so etwas zu tun. Was sollte daran gut sein, an das Gute zu denken, wenn man doch gefangen war – in dem momentanen Leid, könnten wir sagen. Macht es nicht das Leid schlimmer, weil wir sehen, was wir im Moment nicht haben können? Aber dann, als er da lag und die Sterne des weiten Himmels sehen konnte, bemerkte er die Kraft, die darin liegen kann, den Geist zu weiten und wandern zu lassen.

Lucy van Pelt handelt, als ob sie wüsste: Da weder Gefühle noch Leben statisch sind, lohnt es sich, diese Bewegung zu den AUFs zu unterstützen, indem ich die ABs zwar zur Kenntnis nehme und erlebe, aber dennoch mich dort nicht einrichte, sondern bewege, wie beim Schaukeln eben. Es ist eine Haltung, die einzunehmen man lernen kann. Mehr nicht. Aber auch nicht weniger.

Und gesetzt den Fall, eine hat sich entschieden, für sich in dieser Richtung etwas zu tun, wie stellt sie es an, den eigenen Blick entsprechend zu schärfen?

Viele Werkzeuge und Möglichkeiten hat sich jeder Mensch entwickelt, um im Leben klarzukommen. Sicher haben sich einige Routinen eingespielt, sodass man bestimmte Werkzeuge immer wieder nutzt: sich entspannen vor dem Fernsehen, lesen oder Musik hören oder Freundinnen anrufen.

Und manchmal kommen wir an Grenzen im Leben, wo wir spüren, dass unsere Werkzeuge stumpf geworden sind und wir neue brauchen, um gut zurechtzukommen oder uns alter, längst vergessener Werkzeuge bewusst zu werden, um sie zur Verbesserung der eigenen Lebensqualität einzusetzen. Also doch hin zu den AUFs?

Lucy hätte keinen Zweifel an dieser Stelle und würde klar mit »Ja« antworten. Psychologisch betrachtet sind diese Werkzeuge Ressourcen. Möglichkeiten und Fähigkeiten, das eigene Leben positiv zu gestalten.

Das sind Ressourcen: Wie kann ich mich selbst entspannen, wie Konflikte lösen, wie treffe ich Entscheidungen und wie erreiche ich meine Ziele, wie gestalte ich meine Beziehungen zu

Liebsten, Freundinnen, Nachbarinnen, Arbeitskolleginnen etc., dass sie befriedigend für mich sind, wie kann ein gesundheitszuträgliches Leben aussehen, weiß ich, ob ich Lerche oder Nachtigall bin, und habe mein Leben entsprechend eingerichtet, wie kann ich meiner eigenen Wahrheit und Intuition trauen, wie plane ich angesichts der eigenen Sterblichkeit mein Leben – um nur einige Fragen an dieser Stelle zu nennen.

Und je mehr dieser Ressourcen ein Mensch einzusetzen weiß, desto wahrscheinlicher ist, dass er auch schwierige Situationen im Leben meistert oder sogar daran wächst.

Segen oder Fluch? *Mit Lucy gesprochen: Wir können es uns besser ergehen lassen.* Und das wiederum ist eine Frage der inneren Haltung. Dazu hörte ich einmal folgende Geschichte:

Ein Mann, der sehr arm war, hatte ein Pferd. Die Leute meinten, er solle es verkaufen, damit er Geld hätte, sich etwas zu essen zu kaufen. Er wollte aber nicht, da er das Pferd mochte. Die Leute schüttelten den Kopf. Und dann lief das Pferd auch noch weg. Die Leute sagten: »Hättest du bloß dein Pferd verkauft, dann hättest du jetzt wenigstens Geld, um dir etwas zu essen zu kaufen.« Der Mann erwiderte: »Ob es nun Segen ist oder Fluch. Tatsache ist, mein Pferd ist weggelaufen.« Tage später kam das Pferd zurück und brachte eine Herde wilder Pferde mit sich. Da sagten die Leute natürlich nichts. Der Mann hatte einen Sohn, der kam, um die Pferde zuzureiten, damit sie sie auf dem Markt verkaufen konnten. Er fiel vom Pferd und brach sich das Bein. Da sagten die Leute: »Hättest du bloß dein Pferd verkauft, dann hätte sich dein Sohn jetzt nicht das Bein gebrochen!« Da sagte der Mann: »Ob es nun Segen ist oder Fluch, mein Sohn hat sich das Bein gebrochen.« Es kam Krieg über das Land und alle Söhne des Landes wurden eingezogen, nur der Sohn des armen Mannes nicht ... Ob es nun Segen ist oder Fluch ...

Manchmal muss man auf die AUFs warten können. Das kann heißen, die Situation auszuhalten, sie anzunehmen, wie sie nun mal ist. Oft liegt gerade darin der Impuls zur Veränderung. Wenn ich gegen etwas ankämpfe, vergeude ich meine Kraft. Hätte der Mann aus der Geschichte sich jedes Mal aufgeregt, hätte es nichts geändert. Er blieb gleichmütig in dem Wissen, das alles sich wandelt.

Lucy hat vielleicht auch etwas von diesem Gleichmut. Sie weiß um die AUFs, die kommen werden. Auf manche muss man denn wohl mal etwas länger warten.

Und wenn ich mich entscheide, etwas zu verändern, eine andere Haltung einzunehmen? Was hilft zur Veränderung, damit aus Absicht Tat werden kann? Aus der Forschung weiß man, dass Selbstregulation ein wichtiger Faktor psychischen Überlebens ist. Wenn ich mich und mein Leben selbst regulieren kann, geht es mir besser.

Oft ist es aber gar nicht so leicht, etwas zu verändern.

Es ist wie bei einer Waage: auf der einen Seite das gewohnte Verhalten, mit allen Vor- und Nachteilen. Auf der anderen Seite die verlockende Veränderung, die allerdings auch mit einem Verlust der Vorteile des alten Verhaltens einhergeht. Denken Sie nur, Sie wollten sich das Süßigkeitenessen abgewöhnen. Vorteil des Verhaltens ist, man kann aus Lust, bei Stress, weil es angeboten wird, weil's lecker ist, immer Süßigkeiten zu sich nehmen. Dass es für Zähne und Figur nicht immer dienlich sein muss, sei dahingestellt. Angenommen, ich will dieses Verhalten verändern und weniger oder gar keine Süßigkeiten essen, dann ist der Vorteil des neuen Verhaltens vielleicht, dass die Zähne länger halten und auch die Figur sich sehen lassen kann. Der Nachteil liegt auf der Hand, oder besser auf der Zunge. Das Süße dieser Sache ist dahin. Aber es kann auch sein, dass ich stolz auf mich bin, etwas verändern zu können.

Ich kann es als sinnvoll erachten und mich als selbstwirksam erleben. Und Selbstwirksamkeit hilft gegen Ohnmacht. Sie hilft zu den AUFs. Lucy wäre zufrieden. Und wie das gehen soll, da will Ihnen dieses Buch einige Ideen liefern. Lassen Sie sich inspirieren.

Gespräche in der Lounge

Darf ich mich kurz vorstellen: Ich bin Butsche aus der Lounge. Was, Sie kennen keine Lounge? Es ist ein nettes kleines Lokal, in dem man sich trifft, um sich zu entspannen. Manche würden es wohl ihren In-Treff nennen oder einfach ihre Lieblingseckkneipe.

Das Besondere an unserer Lounge mit Blick auf den Fluss ist nur, dass *wir* uns hier treffen: Wir sind die Leben der Menschen und wir treffen uns, um über unsere Menschen und ihre Besonderheiten zu philosophieren. Unsere Menschen hängen derweil meist schlapp vor dem Fernseher ab und wundern sich, dass so gar nichts mit ihnen los ist. Ist ja klar, warum: Ihre Leben haben sich mal eben für zwei Stündchen davongemacht, in die Lounge eben, weil sie sich ja auch mal vom Zusammensein mit ihren Menschen entspannen müssen. Na, und da sitzen wir dann in unseren Ledersesseln und reden… über unsere Menschen. Und Sie können beim Lesen sozusagen unseren Gesprächen lauschen. Ich bin gespannt, wie Sie das finden werden.

Und damit Sie wissen, wer in der Lounge so alles zum Treff kommt, hier schon mal die Vorstellung der Leben:

Who is who in der Lounge

Butsche, deren Mensch zur See fuhr und die Weite so sehr liebt.

Elm, dessen Mensch Arzt ist und der sich gut mit wissenschaftlichen Texten auskennt.

Heinz, dessen Mensch nicht zur Ruhe kommen kann, der immer herumspringt und in Bewegung ist und Angst hat, was zu verpassen.

Joni, deren Mensch keine erotische Geschichte auslässt, sie aber emotional nicht satt werden lässt.

Kurt, dessen Mensch nur sitzen bleiben und sich nicht bewegen möchte.

Love, deren Mensch nicht anerkennen mag, dass er geliebt wird, und dann jedes aufkeimende Liebesgefühl zerstört.

Miriam, dessen Mensch nach schwieriger Krankheit wieder genesen ist und weiß und danach lebt, dass er im Moment nur dieses Leben hat, das aber voll genießen will und da auch ziemlich konsequent ist.

Prisoner, der in gestreifter Kleidung herumläuft und dessen Mensch gar nicht merkt, dass er bereits frei ist.

Sprinter, der so gern Hingabe lernen möchte, aber immer gleich wieder Abstand schafft, kaum dass eine solche Situation entstanden ist.

Ein Leben ohne Namen, das immer jammert und am liebsten aus dem Leben scheiden möchte, was aber nicht geht, da es ja das Leben ist.

Und Sie kommen als Leserin ja nun auch dazu. Ich bin gespannt, wie es Ihnen in der Lounge gefällt. Ein wenig hoffe ich, dass Sie meine Meinung, dass Lust und Lebenslust wichtig sind im Leben, teilen. Und dass Sie Lust haben, sich von der einen oder anderen Geschichte inspirieren zu lassen, die ich auf meinen Reisen gehört habe.

Sie können dieses Buch nach Lust und Laune lesen. Denn Lust ist ja eine Quelle, die uns genug Wasser gibt, um auch mal trockene Zeiten zu überstehen. Und die gibt's ja ab und zu mal. Weiß ich aus meiner Seefahrerzeit.

Und dann können Sie sich von den Themen, die aus den Kapitelüberschriften hervorgehen, inspirieren oder sich berühren lassen. Wer weiß, was Sie gerade innerlich beschäftigt und Sie dann anspricht. Zum Nachdenken gibt es in den Texten und Geschichten allerhand.

Oder, falls Sie mehr Lust auf eine Übung bekommen, um mehr Wind in Ihren Segeln zu haben und Ihre Lebensenergie zu steigern oder um, wie ich manchmal sage, Ihren Handwerkskasten zu erweitern, dann einfach aufschlagen und einem der Vorschläge folgen.

Im Grunde haben wir ja schon unsere Handwerkszeuge an Möglichkeiten, im Leben klarzukommen. Aber manchmal ist es gar nicht schlecht, die *Ressourcen*, würden wir auf modern sagen, zu erweitern. Weil: je mehr Ressourcen, desto mehr kreative Kräfte im Leben, auch wenn's mal steife Winde gibt und die See unruhig ist oder das Schiff ins Schlingern kommt. Da muss man dann schon was in petto haben, um nicht irgendwann kieloben zu treiben. Denn Augen zu und durch und stark sein wollen hilft hier wenig. Da ist es besser, Ideen zu haben, wie man auch durch schwierige Zeiten gut durchkommt. Und die Übungen, wie Sie sicher schon bemerkt haben beim Querlesen, haben viel mit inneren Bildern zu tun. Und die Kraft dieser Bilder ist nicht ohne. Stellen Sie sich einfach nur mal ein schönes Erlebnis vor und achten auf Ihre Gefühle. Und, falls Sie den Vergleich wagen wollen, stellen Sie sich etwas für Sie Schwieriges vor. Auch hier auf die Gefühle achten. Fazit ist, wenn wir uns dem Schönen im Leben verstärkt zuwenden, und sei es über die Kraft der inneren Bilder, dann fühlen wir uns bald auch besser, weil der Körper Glücks- statt Stresshormone ausschüttet.

Und Glück empfinden zu können ist doch ein Geschenk, eine Quelle der Inspiration, oder etwa nicht?! Und das Gute daran ist, dass man das lernen kann, die eigenen Lebensquellen zum Fließen zu bringen. Toll, nicht wahr?

Sie können natürlich einfach den Text lesen und den so in sich nachklingen lassen, z. B. mit Blick über das Meer, wie ich das so kenne, wenn ich nachdenke. Oder mit dem weichen Blick über den Garten. Oder einfach in den Himmel gucken dabei. Oder Sie hören einfach mal rein, was wir Leben in der Lounge so schnacken. Wie Sie so Lust haben. Ich weiß Bescheid.

Und ich hab viel von der Welt gesehen, denn, wie Sie auch dem »Who is who« in der Lounge entnehmen konnten, bin ich mit meinem Menschen über alle Weltmeere gereist. Und da hört man die eine oder andere Geschichte. Wie die von Inanna z. B. …

Einleitung

Fünf Geschichten zum Anfang, auf verschlungenen Pfaden miteinander verbunden, alle zum Thema dieses Buches: die Ressourcen, die wir brauchen, um für uns selbst, in Gesundheit und Krankheit, ein gutes Leben zu gestalten.

1 Apfelgarten

Wir sitzen im Apfelgarten, köstliche Ruhe am Rande des Friesendorfs auf der Nordseeinsel. Wir schauen auf die Marsch und den Außendeich Richtung Norden und trinken äußerst leckeren selbst gemachten Latte macchiato.

Die Freundin erzählt: »Mein Bruder und ich, wir wollen unserer jüngsten Schwester jetzt ein Auto schenken, dann hat sie es leichter. Sie lebt von Hartz IV und kann sich gar nicht bewegen und Arbeit suchen. Es ist schrecklich, wie sie lebt…« Es stellt sich heraus, dass diese jüngste Schwester mit der Mutter aufwuchs, als diese alkoholkrank war. Die älteren Geschwister waren damals schon aus dem Haus. Ihre jüngste Schwester verkörpert für unsere Freundin alles, wovor sie sich fürchtet und was sie nicht sein will: arm, abhängig, unfähig, aus eigenen Kräften zu leben, mit wenig Ressourcen und viel Elend und Unfreiheit, Sucht und Würdelosigkeit.

Ich sage zu ihr: »Deine Schwester ist deine Ereschkigal!«

2 Ereschkigal

Vor ca. 4500 Jahren wurde im Zweistromland zwischen Euphrat und Tigris, dem heutigen Irak, die Geschichte der Him-

melskönigin Inanna in Keilschrift auf Tontäfelchen aufge-
schrieben. Sie erzählt von Jugend, Erwachsenwerden, Thron-
besteigung und Weisewerden der Göttin und Gottkönigin[1].
Eine Geschichte von Krise und Heilung, persönlichem Wachs-
tum und Veränderung auf dem Lebensweg, eine der ältesten
Geschichten, die die Menschheit kennt, und eine der ältesten
aufgeschriebenen Mythen überhaupt.

Wir lesen eine menschliche Entwicklungsgeschichte: Inanna
in ihrer Mädchenblüte, als Königin des Großen Oben im
Schmuck ihrer Weisheit, als liebende Frau und Mutter, und
schließlich: Inanna in ihrem Abstieg in die Unterwelt.

Zu Inannas Leben gehört es, zu ihrer schwarzen Schwester
Ereschkigal, Herrscherin des Großen Unten, hinabzusteigen,
um dort die sprichwörtlichen tausend Tode zu sterben. Das tut
sie freiwillig: Eines Tages öffnet sie ihr Ohr (ihre Weisheit) dem
Großen Unten, dem Ruf der Unterwelt, und beschließt, hinab-
zusteigen.

Sie organisiert, ganz Königin, ihre Abwesenheit, und dann
macht sie sich an den Abstieg. Die Herrin der Unterwelt, zu der
sie gehen will, hat sieben Tore zwischen sich und die Oberwelt
gesetzt. An jedem dieser Tore wird Inanna auf eines der Insig-
nien ihrer Person angesprochen und muss es abgeben: die Zei-
chen ihrer Königinnenwürde, ihrer Weisheit, ihrer Macht, ihrer
Ehefrauenschaft, ihres Charismas, ihrer Schönheit und schließ-
lich ihrer Körperlichkeit. Als sie bei Ereschkigal ankommt,
nackt, wird sie bei lebendigem Leib, sterbend, von der Herr-
scherin des Großen Unten an einem Haken an der Wand auf-
gehängt.

Mitten im Leben, auf der Höhe ihres Erfolges als Göttin,
Königin, Frau, Mutter, verehrt ob ihrer Weisheit und des Guten,
das sie ihrem Volk bringt, geliebt von Mann und Söhnen,
umsorgt von Dienern, und in all ihrer persönlichen Fülle und
Schönheit, stellt sich Inanna, die Königin des Großen Oben,

---

[1] Wolkstein/Kramer 1983; Brinton Perera 1981

die Herrscherin des Himmels, der Frage, die das Große Unten an sie hat:

Wer bist du?

Wer bist du, wenn die Insignien deiner Macht, deines Status, deiner körperlichen Unversehrtheit, deiner Reputation, deiner Erfolge als Ehefrau und Mutter, deines Berufs, deiner Schönheit von dir genommen sind? Was bleibt von dir übrig, wenn du auf deine bloße Existenz reduziert bist?

Wie Alice hinter den Spiegeln, findet sich Inanna hinter den Toren, die sie durchschritten hat und vor denen Wächter standen, die sie zwangen, die Zeichen und Symbole ihrer Person anzuschauen und abzulegen. Eines nach dem anderen. Sie hängt, nach der Begegnung mit Ereschkigal, am Haken an der Wand, nackt, sterbend. Von ihrem stinkenden Fleisch ist die Rede.

Sie wird gerettet: von ihrer Dienerin Ninschubur, die zu Enki, dem Großvater, geht, der zwei Transgender-Wesen erschafft, Wesen zwischen den Geschlechtern, die mit Ereschkigal klagen und es ihr dadurch ermöglichen, ihr glücklicheres Selbst (als das wir Inanna auch ansehen können) in die Freiheit zu entlassen. Inanna kehrt zurück als eine andere.

Die Fragen, die dieser Mythos stellt, sind gültig, auch nach über 4000 Jahren:

Was ist deine Essenz?

Was bleibt von dir, wenn alles andere abgezogen ist?

Was steht zwischen dir und deinem Tod?

Wie kann es gelingen, sich zu versöhnen mit sich selbst?

Ereschkigal wird verehrt als die Königin des Großen Unten, die Herrscherin der Unterwelt, in der die Menschen alles ablegen, um zu ihrer Essenz zu kommen, um eine Antwort zu finden, mit der sie in der zweiten Hälfte ihres Lebens leben können, mit der sie, letztlich, dem Tod begegnen können. Weil sie wissen, was sie im Innersten zusammenhält, weil sie wissen, was bleibt, wenn der Talmi weg ist. Dafür, dass sie der mensch-

lichen Existenz Tiefe und Substanz gibt, dafür, dass sie eine Möglichkeit bereitstellt, dem eigenen Kern nahezukommen und sich mit der eigenen Sterblichkeit auszusöhnen, wird Ereschkigal verehrt.

»Holy Ereschkigal, I sing your praises!« – heißt es im Hymnus an Ereschkigal: »Heilige Ereschkigal, ich singe dein Lob!«

3 Manna in der Wüste

Die biblische Geschichte der Juden, die vierzig Jahre durch die Wüste wandern müssen, bis sie das Gelobte Land erreichen, fasziniert durch den scheinbaren Widerspruch: der mächtige Gott, der ihnen durch die Teilung des Roten Meeres ein schnelles Entkommen vor den ägyptischen Verfolgern ermöglicht, schafft es nicht, sie innerhalb kurzer Zeit durch die Wüste Sinai ins Gelobte Land zu bringen. Sie müssen vierzig Jahre wandern, zu lang für die Generation, die aus Ägypten aufgebrochen ist. Nur ihre Kinder und deren Kinder werden das gelobte Land erreichen. Dies wird deutlich an der Geschichte von Moses, der sie führt und der ebenfalls das Gelobte Land nicht betreten kann. Das Land betritt nur, wer in den vierzig Jahren geboren wurde und gewandert ist und überlebt hat. Und als Überlebensmittel in der Wüste gibt es nur eins: Manna, das jeden Tag vom Himmel fällt, das aber nicht gehortet und aufbewahrt werden kann. Die Wüstenwanderer können keinen Ackerbau und keine Viehzucht betreiben, keine Vorratsspeicher bauen. Sie müssen jeden Morgen hoffen und vertrauen, dass ihr Gott das Manna, das sie nährt, vom Himmel fallen lässt.

Glauben, vertrauen, angenommen sein: Nur wer wüstensozialisiert ist, nur wer dieses Ausgesetztsein im Vertrauen auf einen gütigen Gott, der jeden Tag für den Menschen sorgt, gelernt und verinnerlicht hat, wird das Gelobte Land betreten.

4 Tiger von oben, Tiger von unten: Erdbeere

»*Es gibt eine Geschichte von einer Frau, die von Tigern gejagt wird. Sie rennt und rennt, und die Tiger rücken immer näher. Am Rande einer Klippe angekommen, sieht sie dort ein paar Schlingpflanzen, und so klettert sie hinunter und hält sich an den Schlingpflanzen fest. Beim Hinunterschauen sieht sie, dass die Tiger auch unter ihr sind. Dann stellt sie fest, dass eine Maus an der Schlingpflanze nagt, an der sie sich festhält. Gleichzeitig sieht sie aber auch eine wunderschöne kleine Erdbeerpflanze, die ganz in ihrer Nähe aus einem Büschel Gras wächst. Sie schaut hinauf, sie schaut hinunter. Sie schaut auf die Maus. Dann nimmt sie einfach eine Erdbeere, steckt sie in den Mund und genießt sie voll und ganz.*«[2]*

Der tibetische Buddhismus bietet folgende Aussicht: Leben ist im Hier und Jetzt. Dazu gibt es keine Alternative.

5 Fülle und Weite

Ich stand am Meer, barfuß im Watt. Das Wasser kam gerade wieder rein, und wie das manchmal so ist an der Nordsee: Das Wasser kam ganz trügerisch schnell, plötzlich stand ich bis zu den Knöcheln im Meer, wo eben noch fast trockenes Watt war. Das Wasser strömte unaufhaltsam in meine Richtung, mit fast unsichtbarer, aber gleichzeitig unabweisbarer Macht. Nichts hält die Flut auf. Kurz danach saß ich auf einem Stein am Rand der kleinen Bucht, in der Weite des friesischen Himmels, und spürte dem Gefühl nach, das ich im Meer stehend empfunden hatte: Fülle.

Ich dachte: »Letztlich ist alles eine Frage der persönlichen Ressourcen. Welche Kräfte hast du, um mit deiner Situation umzugehen?«

So wurde dieses Buch geboren.

---

[2] Pema Chödrön: Liebende Zuwendung – Freude im Herzen. Aurum Verlag, Braunschweig 1998, Seite 39

Kraftquelle 1
Auf die innere Stimme hören

Eine Klientin erzählt:

»Ich habe mir angewöhnt, zum Deich zu fahren und da, im Gehen, laut zu reden. Im Sommer saß ich auf der dem Meer zugewandten Seite und habe meditiert, manchmal stundenlang, das geht am Deich ganz wunderbar. Jetzt ist es zu windig zum Sitzen, ich muss gehen, oben auf der Deichkrone, wenn es der Wind erlaubt, sonst ein bisschen tiefer, wo es weniger zieht. Und ich kann da redend und gehend meine Welt be-sprechen. Ich kann ja in jeder Hinsicht weit sehen, und es ist kein Mensch da, der mich hören könnte. Eine interessante Erfahrung: laut redend durch die Natur zu gehen. Und sehr hilfreich: Irgendwie kann ich, wenn ich so gehend rede und mich niemand hören kann, meine Stimme, die äußere und die innere, besser hören.«

In Kontakt mit der eigenen Stimme

Das ist eine mögliche Technik, von denen es sehr viele gibt. Das Ziel ist immer, mit der eigenen inneren Stimme in Kontakt zu kommen. Der Weg ist meistens das Alleinsein, die Ruhe, die Achtsamkeit. Aber wenn Sie Ihre innere Stimme am besten nachts um eins tagebuchschreibend in einer Hafenbar hören, dann ist *das* eben *Ihr Weg*.

Und nur darauf kommt es an: dass Sie Ihren Weg finden, auf dem Sie Ihre innere Stimme hören können. Die meisten Menschen fangen damit an, sich zurückzuziehen und Zeit für sich zu nehmen. Einfach sitzen, vielleicht mit einem Tee. Bei sich ankommen. Das innere Lächeln spüren, wie die Qigong-Lehrerin sagt.

Vielen Menschen fällt es in der Natur, in sanfter Bewegung, leichter, zu sich zu kommen. Manche müssen ganz sicher sein können, dass es keine Störungen geben wird.

Für viele ist der Weg zur eigenen inneren Stimme ein Ritual: abends noch ein halbes Stündchen im Garten sitzen, allein. Morgens meditieren oder Morgenseiten schreiben. Engelkarten ziehen, Gedichte lesen, Mantra singen, Tee zubereiten, Bilder anschauen, walken gehen, barfuß Rasen treten, Haikus schreiben, still werden.

Etwas Furchtlosigkeit gehört dazu, ein deutliches Heraustreten aus dem Alltag und aus dem Kontakt mit anderen Menschen und Dingen. Sich selber begegnen. Manche reden mit sich, laut oder leise. Manche reden mit der Katze und kommen sich so selber auf die Schliche. Manche wenden Techniken aus Beratung, Coaching und Supervision an: Sie treffen ihr inneres Team oder ihr inneres Kind. Oder sie wenden Techniken aus der Meditation an: sitzen still und kehren zurück zu ihrem Atem, denken nicht. Manche machen den body scan: liegen still und gehen in Gedanken aufmerksam und systematisch ihren ganzen Körper durch, ohne zu beurteilen und zu bewerten.

Wichtig ist, in einen Zustand zu kommen, in dem das bewusste, zielgerichtete, alltägliche Denken in den Hintergrund treten kann und ein anderer Modus des Da-Seins sich zeigen kann, der nicht analytisch, beurteilend, handlungsorientiert ist, sondern ruhig, klar, aufmerksam, hell, still, kühl, frisch.

Innere Aufmerksamkeit

Manchmal kommt die innere Stimme auch zum Vorschein, wenn wir gar nicht mit ihr rechnen und sie nicht gerufen haben.

Eine Klientin erzählt:

»Ich saß hinten im Auto meiner Eltern, wir fuhren zur Uni, und plötzlich fing mein Fuß an, ganz doll wehzutun, und eine innere Stimme sagte ganz deutlich zu mir: ›Du darfst das nicht tun! Du darfst nicht Jura studieren, du musst Musik machen!‹ – Ich hab daraufhin tatsächlich einen anderen Weg eingeschlagen, hab mich nicht für Jura eingeschrieben, sondern fürs Musikstudium auf Lehramt, und so bin ich Musiklehrerin geworden. Jetzt hab ich eine Band, mache Kunstperformances, unterrichte Musik und bin sehr froh. Das war das einzige Mal, dass meine innere Stimme bisher zu mir gesprochen hat, und der Fuß hat auch nicht mehr wehgetan.«

Lounge der Leben: die innere Stimme

»Auf was hören? Auf die innere Stimme? Was soll denn das sein? Soll ich mir vorstellen, ich hab 'nen kleinen Mann im Ohr?«

Die Stimmen gehen wild durcheinander in der Lounge. Merkwürdige Ideen brachte Love da mit. Sie meinte, das wäre jetzt völlig *en vogue*, auf die innere Stimme zu hören. Nicht immer nur die Stimme der Vernunft, die, so scheint es, eine Liste hat mit Plus auf der einen Seite und Minus auf der anderen und entscheidet, wenn genug plus da sind, das oder das dann zu machen. Nein, jetzt soll man auch, wenn man *avant garde* sein will, auf die innere Stimme hören, das Bauchhirn, oder die emotionale Intelligenz, wie manche sagen. Man würde dann einfach sicherer im Leben sein, aus der eigenen Mitte heraus innengeleitet, wenig abhängig von der Meinung anderer. Manche gehen sogar so weit, es innere Weisheit zu nennen.

Ja, wie soll denn das gehen, fragen sich die Leben, die wieder an diesem Freitagabend in der Lounge sitzen. Nur für den Fall, dass man es ausprobieren wollte mit der inneren Stimme…

Love schlug eine Vorstellungsübung vor, nach der alle eine Treppe mit zehn Stufen nach unten durch einen Torbogen in einen Garten gehen sollten, in der sie dann ihre innere Weisheit zum ersten Mal treffen könnten. Sie würde sich, wenn sie es wirklich wollten, als Tier, Gestalt oder Figur zeigen – mit der man dann sprechen könnte. Und sie, die sich als Märchen- oder literarische Figur, als Fantasiegestalt, Filmstar oder auch Person des öffentlichen Lebens zeigt, könnte guten Rat für alle Lebenslagen geben.

So weit, so gut. Alle wollten mitmachen, weil die Leben an sich so neugierig sind und lustvoll. Sie setzen sich alle in die bequemen roten Loungesessel. Bei dem gedimmten Licht und der wunderbar schwebenden Loungemusik lässt es sich gut entspannen. Heinz, Prisoner, Joni, Elm, Sprinter… alle sind sie dabei. Sie machten die Reise nach innen mit. Und machten eine verblüffende Erfahrung.

Machen Sie es sich an einem ungestörten Platz so bequem wie möglich und stellen Sie sich darauf ein, dass Sie heute wieder Kontakt aufnehmen möchten zu Ihrer inneren Weisheit. Gehen Sie einen Moment in die Stille, lassen Sie sich von Ihrem Atem wiegen wie von den Wellen des Meeres und entspannen Sie sich mit einer Entspannungsübung Ihrer Wahl wie z. B. Progressive Muskelentspannung, Autogenes Training, oder indem Sie sich vorstellen, einige Zeit durch Ihr Herz ein- und auszuatmen, oder sich vorstellen, mit jedem Atemzug die Spannung in Ihrem Körper nach und nach abfließen zu lassen wie Wasser in den Boden.

Dann schließen Sie die Augen und beginnen Ihre Reise nach innen.

Stelle dir einen Weg oder Pfad vor, auf dem du gern spazieren gehst und von dem aus du auf eine Treppe stößt, die aus Holz, Metall, oder Stein sein kann. Sie hat zehn Stufen, und wenn du zu deinem inneren Kraftort, wie ich ihn gerne nennen möchte, gehen willst, um deine innere Stimme zu treffen, dann geh sie Stufe für Stufe hinunter. Spüre dabei jeden Schritt, wie es sich anfühlt, diese Treppe hinunterzusteigen, und bleibe für einen Moment auf der untersten Stufe stehen, um dich umzuschauen und zu sehen, ob sich dir ein Bogen zeigt. Dieser Bogen ist der Eingang zu deinem Treffpunkt mit deiner inneren Weisheit. Er kann ein Rosenbogen sein, aus Stein bestehen, aus Holz, ein Regenbogen sein oder wie ein Scheunentor aussehen. Vielleicht kannst du schon ein helles, strahlendes Licht sehen, das durch ihn hindurchscheint. Wenn du bereit bist, durchschreite diesen Bogen und nimm mit all deinen Sinnen wahr, wie sich dir dein innerer Kraftplatz entfaltet. Was kannst du sehen? Was gibt es zu schmecken? Kannst du etwas riechen? Und wie fühlt sich die Temperatur auf der Haut an? Nimm dir Zeit, deinen Platz zu erkunden. Lass ihn sich dir innerlich gestalten. Wandere herum und nimm seine Kraft in dir auf. Vielleicht gibt es auch einen Platz, an dem du gerne sitzen oder liegen möchtest, um dich vom Alltagsgeschehen auszuruhen. Dieser Ort ist dein geheimer innerer Platz, der nur dir gehört. Deshalb lade auch in der Fantasie möglichst keine

Menschen deiner Umgebung dahin mit ein. Lass dir Zeit, deinen Kraftort zu genießen. Und dann schau dich um, ob du eine Gestalt oder ein Tier sehen kannst, das sich dir öfters zeigt, und unabhängig davon, ob es ein Tier oder eine Figur ist, kannst du mit ihr sprechen. Frage sie oder es, ob es deine innere Weisheit ist, und sie wird dir in Form von Worten oder auch Gesten antworten. Lernt euch kennen, indem du dich ihr vielleicht vorstellst und sie genau betrachtest. Wenn du Fragen hast, die mit W beginnen: *wie, warum, wer, wo…*, stelle sie deiner inneren Weisheit. Dann warte auf eine Antwort. Sie kann oft sehr verblüffend sein und einen Hinweis bringen, den du bisher gar nicht in Betracht gezogen hast.

Nach einiger Zeit verabschiede dich. Und wenn du magst, bedanke dich bei deiner inneren Weisheit, dass sie sich dir gezeigt hat. Vielleicht magst du dich wieder mit ihr verabreden. Und es kann sein, dass sie dir zum Abschied ein Geschenk gibt. Beachte genau, was es ist. Es kann sein, dass es sich dir nach deiner Reise zeigt bzw. du es irgendwo findest, wo du entlanggehst.

Dann wende dich ab. Wenn du magst, ruhe dich noch einen Moment an deinem Ort aus, bevor du wieder durch den Bogen zu deiner Treppe gehst. Schreite die Treppe wieder Schritt für Schritt hinauf. Verweile einen Moment auf der letzten Stufe und bereite dich darauf vor, wieder deine Aufmerksamkeit von dieser Reise auf die Tagesumgebung zu richten. Wenn du magst, leg dir ein Buch an, in dem du all diese Reisen aufschreibst und aufmalst, denn es kann sein, dass sich die Bedeutung manches Rates im Nachhinein noch tiefergehend entfaltet.

Viel Freude bei der Begegnung mit der inneren Stimme!

Und wem begegneten die Leben? Die Leben sahen sich selbst in diesem Garten. Niemand sonst tauchte auf. Sie selbst, ganz ruhig, ganz fröhlich, ganz unbelastet. Da ging ihnen auf, dass sie, die Leben, die lebendige Quelle jedes Menschen sind. Sie, die Leben, sind die innere Weisheit ihrer Menschen – würden die nur auf sie hören. Denn schließlich haben sie als Leben schon viel gesehen und erlebt – und sie können Auskunft geben über das hinaus, was die Menschen selbst sehen oder wahrnehmen.

Und es machte ihnen Spaß, sich vorzustellen, als welche Gestalt sie sich dann ihren Menschen zeigen würden:

Kurt möchte sich gern als Bär zeigen, weil der so gern ausruht und auch, wenn's drauf ankommt, total schnell sein kann.

Prisoner wird sich als Wiesel zeigen wollen, ein Tier, das flink und schlau genug ist, aus jedem Gefängnis zu entkommen und seinen selbstbestimmten Weg zu gehen.

Joni würde gern als blonde Prinzessin Scheherazade aus tausendundeiner Nacht erscheinen, weil die so klug ihr Wissen, ihre Worte und ihren Sexappeal einsetzt.

Sprinter wäre gern eine Katze, die einerseits frei, andererseits aber so hingebungsvoll sich dem Moment des Lebens und der Sonne auf dem Bauch öffnen kann.

Heinz wäre gern die Sphinx, die einfach so dasitzen kann und alles weiß, wenn auch interessant verschlüsselt.

Elm würde sich gern als Adler zeigen, der so ruhig seine Kreise ziehen kann und trotzdem den Überblick behält.

Die Leben in der Lounge bestellten sich nach der Reise in den inneren Garten alle erst mal einen bunten Fruchtsaft oder einen Wein; knabberten Cocktailnüsschen und lehnten sich amüsiert und ein wenig in Gedanken versunken zurück in die schicken Sessel. Was für ein kreativer Spaß!

So entwickeln sie alle ihre Ideen, wie sie sich ihren Menschen als innere Stimme zeigen wollen – wenn diese denn eine innere Reise machen –, um ihnen zu helfen, sich besser und sicherer im Leben zu fühlen oder auch mit Gleichmut den Wechselfällen der Welt gegenüberstehen zu können.

Kraftquelle 2
Umgang mit Gefühlen:
Fürchte nichts!

Zuerst eine Geschichte:

Jim Knopf und Lukas, der Lokomotivführer:
Hinter der Angst liegt die Freiheit

Kennen Sie eigentlich noch Jim Knopf und Lukas den Lokomotivführer von Michael Ende, gespielt von der Augsburger
Puppenkiste? Diese beiden sind nämlich Helden im Umgang mit
der Angst. Wieso?

Das will ich erzählen.

Also, wie jede/r weiß, sollen die beiden die Prinzessin retten,
die von einem Drachen, Frau Mahlzahn, mit anderen Kindern in
einem Berg gefangen gehalten wird. Und wie auch wir, wenn wir
vor eine nicht leichte Aufgabe gestellt sind, wie z. B. der Umgang
mit einer schweren Krankheit oder Ähnlichem, müssen die beiden eine Entscheidung treffen, nämlich, ob sie die Aufgabe, die
ihnen das Leben da gestellt hat, annehmen wollen. Und wie
Helden so sind, nehmen sie die Aufgabe an, obwohl sie vielleicht
Auch Helden auch Angst davor haben. Das macht nämlich Helden aus, dass
haben Angst sie trotz Angst etwas tun, eine Sache angehen. Hätten sie keine
Angst, wären sie tollkühn, und das geht oft gar nicht gut aus.

Die beiden, Jim und Lukas, fahren also aus Lummerland, ihrer
Heimatstadt, mit ihrer Lokomotive los. Sie sind vielleicht von
anderen unterstützt worden, haben Ermutigungen gehört wie:
Toll, dass ihr das macht. Oder: Ihr zwei schafft das schon. Das ist
ja Balsam auf der Seele, und so fahren sie fröhlich oder vielleicht
auch mit einer leichten Beklemmung los.

Irgendwann auf ihrer Reise kommen sie dann an den Berg, in
dem sie die Prinzessin wissen. Und dann passiert etwas Erschre-

ckendes, denn sie sehen plötzlich einen riesigen Riesen, Tortur sein Name. Und was tun unsere Helden? Sie treten in die Bremsen. Die Lokomotive bleibt stehen. Das, was hier angesichts einer Bedrohung, eines angstauslösenden Ereignisses passiert, ist menschlich. Auch wir kennen das, wenn wir Angst bekommen, dass wir mit drei Mechanismen antworten. Erster Impuls ist vielleicht: sich totstellen, erstarren und hoffen, das Schreckliche geht vorbei (der Konflikt, die Krankheit, die Situation). Dann könnte ein zweiter Impuls kommen, wie übrigens auch bei Jim und Lukas, die am liebsten schnell heim nach Lummerland fahren würden, um der ganzen Sache aus dem Weg zu gehen: weglaufen. Adrenalin ist im Blut vom Schreck, das Blut wird in die Beine gepumpt, der Kopf wird leer, und wir wollen nur noch weg. Das ist der Moment, wo einige darüber nachdenken, nach Australien auszuwandern oder sich vorzustellen, sie nähmen den nächsten Zug nach Paris. Nur weg aus der Situation. Bloß nicht darüber reden. Bloß nichts fühlen. Es könnte auch noch ein dritter Impuls kommen, nämlich das Kämpfen anzufangen. Den Riesen, den greifen wir erst mal an, könnten Jim und Lukas denken. Bei sich selbst kann man, wenn man das Kämpfen anfängt, vielleicht beobachten, dass man plötzlich mehr Streit hat als sonst. Oder Türen knallt oder sonstwie laut wird. Alles sind Reaktionen auf etwas, das Stress auslöst und das Selbst oder Selbst(wert)-gefühl bedroht. Und sei es die Angst vor der Angst: Dass wir wegen der Angst nicht so souverän handeln können, wie wir es von unserem Selbstbild her denken und von uns erwarten.

Fliehen oder kämpfen?

Nun, die zwei stehen aber immer noch da, sind nicht weggefahren, sondern haben erst mal tief durchgeatmet. Übrigens ist das Tiefdurchatmen oft schon die allererste Erste-Hilfe-Maßnahme bei Angst, weil wir damit wieder mehr zur Ruhe kommen. Und wenn wir ruhig sind, können wir besser nachdenken. Weiß man ja von sich. Wenn Jim und Lukas das gekannt hätten, hätten sie sich an dieser Stelle vielleicht hingesetzt und erst mal meditiert oder hätten sich an ein Entspannungsverfahren wie Autogenes Training oder Progressive Muskelentspannung nach Jacobsen erinnert. Nun, sie tun angesichts ihrer Angst vor dem

… oder einfach nur dableiben?

Riesen noch mehr. Sie fangen nämlich an, miteinander zu sprechen. Sie gestehen sich, obgleich Helden – und wie wir aus Filmen wissen, geben die ihre Angst ja nur sehr ungern zu –, ihre Gefühle ein. »Du, Lukas.« »Ja, Jim?« »Du, ich hab Angst. Mir wird ganz eng in der Brust. Ich weiß gar nicht, wie es weitergehen soll. Und ich weiß auch gar nicht, wie wir jetzt die Prinzessin retten sollen, wo doch dieser große Riese da steht und uns bestimmt nicht durchlässt. Und vielleicht will er uns gar fressen!« Und Lukas, der Große, traut sich auch, von seiner Angst zu erzählen und wie peinlich er es fände, mal nicht für alle stark sein zu müssen. Aber wir können merken, wie sich über diesen Austausch unsere beiden Helden entspannen. Und wenn Entspannung eintritt, kann man wieder klarer denken und starrt nicht wie das Kaninchen auf die Schlange auf das, was Angst macht. Allerdings müssen die beiden jetzt eine Entscheidung treffen. Fahren sie weiter auf das zu, was ihnen Angst macht, also in Richtung des Riesen, oder fahren sie erst mal eine Runde so in der Gegend herum oder womöglich nach Hause? Sie trauen sich, auf Tortur zuzufahren, weil sie ja ein Ziel vor Augen haben, nämlich die Prinzessin zu retten. Und das ist wichtig im Umgang mit Ängsten, dass eine/r Ziele hat, die weiter reichen als die Angst. Z. B. nach der Nachuntersuchung beim Arzt sich mit einer Freundin verabreden. Oder ins Kino gehen – irgendetwas, was Spaß oder Sinn macht eben.

Ziele setzen ist wichtig

Jim und Lukas fahren also weiter, und es passiert etwas Unglaubliches. Der Angstriese wird immer kleiner, so weit, dass er deutlich kleiner ist als Jim und als Lukas sowieso. Und so ist es mit der Angst. Wenn wir auf sie zugehen, unseren Ängsten ins Auge blicken, sie zu Ende denken (was ist, wenn das und das eintritt …), dann wird die Angst kleiner. Sie verschwindet oft nicht ganz, aber das muss sie ja auch nicht, denn das Gefühl Angst kann ein Hinweis sein, dass in der Situation irgendetwas nicht in Ordnung ist und einer aufpassen muss. Sonst würden wir einfach gefährliche Dinge tun, wie auf Brückengeländern Autobahnen überqueren oder uns draußen an S-Bahnen dranhängen, wie es manche Jugendliche tun, um ihre Angst zu bewältigen.

Und wie geht die Geschichte weiter? Jim und Lukas der Lokomotivführer retten die Prinzessin und auch all die anderen Kinder und bringen die Prinzessin heim nach Mandala, wo sie wohnt. Dort kriegen sie natürlich viel Anerkennung, und ein Fest wird gefeiert. Dann können die beiden sich befreit zurücklehnen und später, wie in allen guten Geschichten, wieder als Veränderte nach Hause zurückkehren. Jim und Lukas sind frei geworden von der Angst, denn hinter der Angst liegt die Freiheit.

Warum *Fürchte nichts!*?
Weil wir manchmal aus Furcht vor dem, was wir fühlen könnten, die Wahrnehmung verschließen, uns selbst verschließen, uns selbst betrügen und belügen, uns Verhältnisse oder Fakten schönreden und damit den Kontakt zu uns, unserem Leben, unserem Körper verlieren.

Die erste Reaktion beim Erhalt einer schlimmen Nachricht ist häufig: nichts fühlen. Weitermachen wie bisher. In den Fernsehkrimis erholen sich die Hinterbliebenen eines Mordopfers binnen Sekunden, um dann sofort dem Kommissar bei seinen Ermittlungen zu helfen. So unrealistisch ist das gar nicht: Wir drücken unsere Gefühle erst mal weg. Weitermachen. Weiter funktionieren. Im Grunde hat sich nichts geändert.

Das Fühlen zulassen

Eine Freundin erzählt:
»Als mich vor Jahren meine Schwester frühmorgens anrief, um mir vom nächtlichen Tod unseres Vaters zu berichten, war meine erste Reaktion: ›Das geht jetzt nicht, ich muss an die Uni.‹«

Manchmal ist es äußerlich undramatischer: eigentlich unzumutbare Verhältnisse, Belastungen, chronische Krankheiten oder Schmerzzustände werden kaum noch gefühlt, begraben unter Alltagsaktivitäten, schrägem Humor und banalen Aufregungen.

Eine Kollegin erzählt:
»Kürzlich traf ich eine entfernte Bekannte im Bus, sie war über sechzig Jahre alt und hatte schätzungsweise dreißig Kilo Übergewicht. Sie konnte sich nur noch am Stock bewegen und atmete schwer. Als sie erfuhr, dass ich mit Menschen zu tun hatte,

erzählte sie: ›Unter meinem Übergewicht leiden nur meine Mitmenschen und mein Arzt, ich nicht. Ich wünschte, sie würden mich in Ruhe lassen! Mir geht's gut! Gibt's eigentlich auch eine Selbsthilfegruppe für aufgeregte Ehemänner und Schwestern von dicken Frauen?‹«

Wahrnehmung für die Gefühle schärfen

Der Umgang mit Gefühlen fängt mit der Achtsamkeit an.

Fürchte nichts! kann zu einer wichtigen Kraftquelle im Alltag wie in der Ausnahmesituation werden. Um diese Fähigkeit zu üben, schärfen wir unsere Wahrnehmungen für unseren Körper und unsere Umwelt durch Achtsamkeit.

Fürchte nichts! wird nicht in der akuten Situation gelernt, sondern vorbereitet, indem wir uns angewöhnen, im ganz normalen Alltag in Kontakt mit uns selbst und unseren Wahrnehmungen zu bleiben. Wir adressieren also gar nicht unsere Gefühle, sondern unsere Achtsamkeit, unsere Wahrnehmungsfähigkeit für unsere Umwelt und unsere Körperempfindungen, um den Kontakt zu halten und damit in der Lage zu sein, auch unsere Gefühle wahrzunehmen.

Fürchte nichts! kann man üben. *Fürchte nichts!* mündet in eine Haltung der Gelassenheit, möglicherweise der Geborgenheit.

Übung   **Achtsamkeit im Alltag**

- Beginnen Sie den Tag, indem Sie nach dem Aufwachen einen Moment innehalten, um dem Klang des Morgens zu lauschen.
- Machen Sie nur eine Sache zur gleichen Zeit, die aber ganz bewusst, in allen Bewegungen und Handlungen. So kann auch der Abwasch zur Meditation werden.
- Wie schmeckt eigentlich Ihr Morgenkaffee oder -tee? Wie fühlt sich die Tasse in der Hand an?
- Halten Sie einen Moment inne in Ihrem Tun.
- Möchten Sie in Ihren Alltag eine Achtsamkeitsübung einfügen? Setzen Sie sich bequem hin und achten Sie nur auf Ihren Atem, fühlen Sie, wie der Bauch sich hebt und senkt und wie die Luft an den Nasenflügeln vorbeistreicht. 10 bis 15 Minuten.

- Wie fällt das Licht dieses Tages auf eine Blume?
- Lächeln Sie gerade?
- Schließen Sie Ihre Augen und stellen Sie sich vor Ihrem inneren Auge einen klaren Bergsee vor, der alle Dinge so widerspiegelt, wie sie sind.
- Wie duftet eigentlich das, was Sie gerade essen?
- Machen Sie einen Spaziergang und betrachten Sie alles, was Sie wahrnehmen, ohne es zu bewerten.
- Welche Farbe in Ihrer Umgebung spricht Sie gerade besonders an?
- Gehen Sie nachts hinaus und betrachten Sie den Sternenhimmel.
- Wie wäre es mit einem Gedicht?

WEISSE TAUTROPFEN

Einfach nur weiße Tautropfen

Sammeln sich auf roten Ahornblättern

Sieh dir die roten Perlen an!

(aus: Arndt Büssing: »Regen über Kiefern«. Zen-Meditation für chronisch Kranke und Tumorpatienten, Mayer Verlag, Stuttgart 2001)

- Wie fühlt sich das Gewicht des Kugelschreibers in Ihrer Hand an?
- Gehen Sie jeden Schritt ganz bewusst. Wie setzen Sie die Ferse auf? Wo ist der erste Bodenkontakt, an welcher Stelle der letzte? Wie fühlt sich der Moment an, wenn Sie den Fuß vom Boden heben und den nächsten Schritt tun?
- Wofür sind Sie gerade dankbar?
- Wie fühlen sich die Luft, der Wind, die Sonne, der Regen gerade auf Ihrer Haut an?

In der Lounge: Umgang mit der Angst

Es war wieder Freitagabend, und die Leben trafen sich, nach einer Mittsommerwoche, in der die Nächte noch so hell sind und der Tag so lang, in der Lounge. Eins nach dem anderen traf ein, zum Teil singend, manche mit müden Schritten, manche noch ganz abwesend, und manchen konnte man ansehen, dass sie mit der festen Absicht gekommen waren, sich zu amüsieren. Mittlerweile hatte sich ein fester Kern der Leben herausgebildet, so gab es oft ein großes Hallo, wenn Heinz, der mit diesem ruhelosen Menschen zusammen war, wie alle wussten, Joni, die die Erotik pur war, Sprinter, immer auf der Suche nach etwas Neuem, was seinen Geist befriedigen konnte, Prisoner, dessen Mensch so gar nicht dran glauben kann, frei zu sein, Kurt, dessen Mensch von seinen Freunden liebevoll couchpotato genannt wird, und Elm, der Rationale, zusammenkamen. Natürlich kamen auch andere Leben in die Lounge, um sich die wunderbare Musik anzuhören, die Lounge bot norwegischen Jazz, chinesische Wassermusik oder Lieder zur Laute von John Dowland. Natürlich durfte das bunte Getränk nicht fehlen, wobei auch hier die Geschmäcker unterschiedlich waren und auch sein durften. Und dann konnte man sich bequem in die roten Sessel packen und einfach nur Leben sein.

Nachdem sie sich über die Ereignisse der Woche ausgetauscht hatten, kamen sie zu späterer Stunde zu einem brisanten Thema. Sie fingen an, sich darüber zu unterhalten, wie ihre Menschen mit der Angst umgehen und was sie selbst, als Leben, davon halten. Einige berichteten, dass ihre Menschen Angst als ein überflüssiges Gefühl ansehen würden und es negierten. Oft, so hatten sie beobachtet, führte das aber dazu, dass diese Menschen schlecht schliefen, bestimmte Situationen einfach mieden, wie z. B. ausgehen, selbst mit dem Auto fahren, oder auch Konflikten aus dem Weg gingen, was letztendlich ihre Bewegungsfreiheit deutlich einschränkte. Andere würden sich permanent Sorgen machen – als ob das Sorgen jemals ein Problem gelöst hätte – und sich so vom Leben mit seiner Lebendigkeit abhalten. Überhaupt stellten sie in der Diskussion fest, dass die Angst ihre Menschen oft davon abhielt, mit ihnen, dem Leben, in Kontakt zu sein. Wo doch jedes Kind wusste, dass Angst aus dem Gefühl des Abgetrenntseins entsteht. Und dass man das nie ist, weil man immer mit dem Leben verbunden ist und dann mit anderen Menschen und der Natur und den Tieren und Pflanzen und dem Meer und dem Wind und sowohl mit dem Schrecken als auch der Schönheit der Welt und damit mit sich selbst. Das vergaßen einige und igelten sich in ihrer Angst ein. Andere allerdings versuchten, diese Trennung nicht zuzulassen, und lebten in der Übung der Achtsamkeit für den jeweiligen Moment. So meditierte der Mensch von Sprinter, um seinem Geist mehr Tiefe zu schenken, und damit kam er zur Ruhe. Jonis Mensch genoss mehr die sinnlichen Momente, wenn er in der Badewanne saß, den Duft des Öls wahrnahm, mit dem er sich einrieb, oder wie sich der Wind und Sturm auf der Haut anfühlt. Dafür ging der Mensch schon mal nackt in den Garten. Kurts Mensch entdeckte Nordic Walking und traf unterwegs oft andere Menschen, und allein das Sichanlächeln, weil man ein Interesse teilte, tat ihm gut. Elm, dessen Mensch ja immer so viel Ernsthaftigkeit an den Tag legte, ließ seinen Menschen darauf kommen, wie komisch Comics sein können und überhaupt die kreative Bilderwelt von Märchen, Geschichten, Kinofilmen etc. Es kamen noch viele gute Ideen auf. Einig waren sich alle darin, dass auch die Angst letztendlich nur ein Gefühl ist, das wie eine Welle kommt und dann, wenn man es lässt, auch wieder geht. Damit etwas Neues entstehen kann.

Kraftquelle 3
Alleinsein mit sich:
Intimität mit sich selber pflegen

»In Gesellschaft unsere Katze können wir uns ausruhen von den mühsamen Kriegen von Hoffnung und Stolz, können einem lebendigen Blick begegnen, der uns ohne den Schatten eines Urteils die zärtlichste Freundschaft erklärt.«

Elsa Morante

Elsa Morante beschreibt im Blick ihrer Katze die schönste Frucht des Alleinseins mit sich: Dass wir uns selber, ohne den Schatten eines Urteils, die zärtlichste Freundschaft erklären können.

Übung **Wahrnehmen, ohne zu bewerten**

Stellen Sie sich einen Moment ans Fenster, auf die Terrasse etc. und schauen Sie auf das, was Sie sehen, ohne es zu bewerten. Drei bis vier Minuten lang. Spüren Sie dem nach.

Auf friesischen Inseln, im Allgäu und anderswo empfiehlt sich der Besuch eines Kuhstalls am Abend: der Geruch, die Konsistenz dessen, was unter den Füßen spürbar ist, die Präsenz so vieler Tiere auf so kleinem Raum, und die Geräusche: mahlend, saftig, leises feuchtes Knirschen, das Reiben von Fell an Fell, ab und zu ein Wasserfall, der auf Stroh oder auf Beton trifft, das Stampfen von Hufen, ein leises oder lauteres Muhen, lange Zunge reibt raspelnd über Kuhnüstern.

Eine Freundin, Künstlerin, verbringt regelmäßig Zeit auf einem ökologischen Bauernhof auf Mallorca und hütet dort die Kühe, die den ganzen Tag draußen begleitet werden. Sie berichtet, dass nichts sie so ruhig und zufrieden mache wie das tagelange Beisammensein mit glücklichen Kühen.

In seiner Abhandlung über die Kürze des Lebens spricht Seneca vom Recht und der Pflicht, sich selber anzugehören. Er meint damit, dass wir Grenzen setzen können und sollen für das Ausmaß an Verfügbarkeit für andere Menschen, das wir uns selbst zumuten.

Ein Tag für mich

Stellen Sie sich vor, sie organisieren einen Tag für sich allein.
Wie würde dieser Tag aussehen?
Was brauchen Sie für sich, damit der Tag gelingt?
Wollen Sie zu Hause bleiben?
Können Sie zu Hause bleiben?
Wollen Sie ans Meer fahren?
Den ganzen Tag in der Stadt verbringen und abends noch ins Theater?
Wie weit wollen Sie Ihre Erreichbarkeit einschränken?
Mit Handy oder ohne?
Wie weit wollen Sie Ihren gewohnten Kontakt mit der Welt einschränken?
Ein Tag ohne Internet, ohne die Kinder, ohne Freundinnen, ohne Arbeit?
Wie vielen Menschen müssten Sie mitteilen, dass Sie an diesem Tag nur für sich sein wollen?
Wie viel Versorgung anderer Lebewesen müssten Sie organisieren, wenn Sie an einem Tag dafür nicht zur Verfügung stünden?
Glauben Sie, dass die Welt, wie Sie sie kennen, einen Tag ohne Sie weiterläuft?
Wie verzichtbar sind Sie für andere?
Wie verzichtbar sind Sie für sich selber?
Können Sie auf Ihr gewohntes Leben einen Tag lang verzichten?
Ein Tag für mich: Wunschtraum oder Albtraum?
Wie war Ihre spontane Gefühlsreaktion, als Sie die Worte zu Beginn dieses Abschnitts lasen: *Ein Tag für mich*?

Eine Klientin erzählt:

Botschaft von mir an mich

»Ich lege in meinem Handy immer kleine Botschaften für mich selber an, die dann als Erinnerung oder Aufgaben am vorgesehenen Tag zur vorgesehenen Zeit auf dem Display erscheinen, zum Beispiel kurze Liedtexte, eine Gedichtzeile, ein Stichwort, das mich an einen glücklichen Moment erinnert … diese Botschaften habe ich vorprogrammiert für einen ganzen Monat, und dann natürlich das meiste wieder vergessen. Und so erscheinen sie ganz plötzlich als Überraschung auf meinem Display: kleine Botschaften von mir an mich, die mich zum Lächeln bringen. Ich habe dann mitten im Alltag einen Moment ganz mit mir allein …«

Von dem Pianisten Glenn Gould wird berichtet, dass er nach einer Stunde mit anderen Menschen zehn Stunden mit sich allein brauchte … Intimität mit sich selber ist etwas, wonach es Sie regelrecht dürsten kann, allerdings sind wir oft nicht darin ausgebildet, dieses Gefühl des Dürstens nach Intimität mit sich selber auch wahrzunehmen und zu erkennen. Der dringende Wunsch danach kann sich als Konsumimpuls, als Partyimpuls äußern oder sich Bahn brechen in einer unerklärlichen Streitlust, als Langeweile oder als verstimmter Rückzug in ein Alleinsein, das nicht fruchtbar ist.

Übung

Stellen Sie sich die Ressource *Intimität mit sich selber* wie einen Krug mit Wasser oder Apfelschorle oder Tee vor, den Sie an diesem Tag aus Gesundheitsgründen zu sich nehmen müssen. Sie brauchen ein bestimmtes Quantum von dieser Ressource jeden Tag, damit es Ihnen gut geht. Wie viel davon haben Sie heute schon zu sich genommen? Wie viel *Intimität mit sich selber* brauchen Sie heute noch? Wie können Sie aus dieser Quelle trinken? Welche Umstände müssen Sie dafür herstellen? Wie fühlt es sich an, genügend Intimität mit sich selber zu haben? Woran merken Sie, dass Sie wieder auftanken müssen?

Kraftquelle 4
Lebens-Geschichten oder:
Geschichten als Lebens-Mittel

Lebens-Geschichten: Geschichten als Lebens-Mittel

Schon als Kinder haben uns Geschichten begleitet und getröstet. Geschichten machen Sinn, sie zeigen uns, was wichtig ist, manche begleiten uns ein Leben lang.

Erzählen bedeutet, ein Ereignis in eine Form zu bringen, in der es Anfang, Mitte und Ende hat. Klingt einfach und wird von manchen Forschern als erste und grundlegende menschliche Aktivität angesehen, die uns zum Menschen macht.

>*Wenn du etwas wissen willst und es durch Meditation nicht finden kannst, so rate ich dir, mein lieber sinnreicher Freund, mit dem nächsten Bekannten, der dir aufstößt, darüber zu sprechen. Es braucht nicht eben ein scharfdenkender Kopf zu sein, auch meine ich es nicht so, als ob du ihn darüber befragen solltest: nein! Vielmehr sollst du es ihm selber allererst erzählen.«*
>
> *Heinrich von Kleist*[3]

Das Wort erzählen kommt vom mittelhochdeutschen erzeln, erzellen und bedeutet: »der Zahl nach darlegen, aufzählen«.

Geschichtenerzählen ist ein Verfahren, um aus dem Meer von unmarkierten Ereignissen die wichtigen herauszuholen und in eine Ordnung zu bringen, die für Hörer und Leser »Sinn macht«. Darin liegt der kreative Akt des Erzählens.

Erzählen macht Sinn

---

[3] Kleist, Heinrich von: »Über die allmähliche Verfertigung von Gedanken beim Reden«, 1805/1993, S. 93

Wir leben in einem »Meer von Geschichten«, wie Jerome Bruner formuliert. Salman Rushdie nennt eine seiner Erzählungen: Haroun and the Sea of stories.

Die Geschichten, die erzählt werden, haben kulturell mitbestimmte Formen: etwa die Heldenerzählungen von Gilgamesch oder David und Goliath, die Beschreibung einer spirituellen Suche wie in den Gralsgeschichten oder die Erzählung einer lebensgeschichtlichen Entwicklung wie in dem sumerischen Mythos von Inanna oder in dem Märchen von Frau Holle, wo die Hauptperson als Veränderte aus der Unterwelt wieder nach Hause zurückkehrt und ihren neuen Platz einnimmt.

Erzählen als Therapie wird wundervoll vorgeführt in dem Klassiker von Scheherazade und den Erzählungen aus tausendundeiner Nacht, in der die Erzählerin unter der Bedrohung ihres eigenen Lebens Geschichten erzählt, die es ihrem Geliebten ermöglichen, aus der Todesnähe ins Leben zurückzukehren.

Geschichten in Filmen Geschichten begegnen uns täglich, wir sind von ihnen umgeben, z. B. als Filme:

- Die Geschichte von der Frau und dem Mann, die sich befreundet glauben und erst langsam merken, dass sie sich lieben: Harry und Sally
- Die Geschichte von Liebe unter Frauen im gesellschaftlichen Wandel: Woman love woman
- Die Geschichte von der Frau und dem Mann, die sich trauen müssen, ihrer Liebe zu trauen: Vier Hochzeiten und ein Todesfall
- Die Geschichte der beiden alten Frauen, die noch einmal die Liebe in ihr Leben lassen: Der Duft von Lavendel
- Geschichten von Menschen, die Altes auflösen können, zu sich selber finden und zu dem Leben, das sie wirklich führen wollen: Wie im Himmel
- Die Geschichte von der Frau, die sich aus der Verstrickung mit der Vagabundinnen-Moral ihrer Mutter löst und ihr Dorf findet, in dem sie bleiben, leben und lieben kann: Chocolat

- Die Geschichte des guten Rebellen: Robin Hood, Einer flog über das Kuckucksnest
- Die Geschichte des Simplizissimus, der als weiser Mann das Leben meistert: Forrest Gump
- Die Geschichte der beiden Welten, die in der Liebe aufeinandertreffen, mit und ohne Happy End: Casablanca, Notting Hill
- Die Geschichte vom Aschenbrödel und dem Prinzen auf dem weißen Pferd, der sie rettet: Pretty Woman
- Die Geschichte von der Liebe, die nicht empfunden werden darf, weil sie die Existenz zerstören würde: Moulin Rouge

Übung

Möchten Sie diese Liste, in der bekannte Kinofilme als Beispiele genannt wurden, für sich fortsetzen und ergänzen? Mit anderen Beispielen vielleicht, etwa literarischen Geschichten, Opern, Comics, Dramen, Komödien, Biografien, Fernsehserien, Computerspiel-Geschichten, Sagen, Märchen, Oden, Mythen, Cartoons…

Übung

Welche Geschichte, welches Märchen fiel mir beim Lesen dieses Kapitels als Erstes ein?
Was bedeutet diese Geschichte für mich?
Mit welchen Geschichten bin ich aufgewachsen?
Was haben die Eltern, was haben die Großeltern für Geschichten erzählt?
Welche Geschichten haben sie nicht erzählt?
Wie waren die Atmosphäre, das Klima dieser Geschichten? Heiter? Düster? Voller Harmonie? Geschichten des Mangels? Geschichten vom Zusammenfinden? Geschichten von Härte und Gefahr? Wortlose Geschichten? Bruchstückhafte Geschichten? Verborgene Geschichten?
Welche Geschichten begleiten mich in meinem Leben?

Welche Geschichten erheitern mich, bauen mich auf, begeistern mich?

Welchen Film schaue ich mir immer wieder an, welches Buch lese ich immer wieder?

Mit welchem Märchen, welcher Lebens-Geschichte, welcher Film-Geschichte fühle ich eine tiefe Verwandtschaft?

Welche Geschichte erzähle ich mir selber über mein Leben?

Eine Heldinnen-Geschichte?

Eine Leidens-Geschichte?

Eine Geschichte von Schönheit und Anmut?

Eine Geschichte von Tapferkeit?

Eine Geschichte von Armut und Verlust?

Von Liebesleid und Betrug?

Trauer und Verlassensein?

Glück und Lebensbuntheit?

Eine Geschichte vom Vertrauen ins Leben?

Vom Aufgehobensein in einem gütigen Schicksal?

Im Erzählen Lebens-Sinn machen: Biografische Narrativität

Übung

Die Königin, der König meines Lebens

Ich male einen Baum, und in die Wurzeln schreibe ich meine Talente und Fähigkeiten, in den Stamm den eigenen Namen und meine Herkunft und in die Krone dann die Ergebnisse, das, worauf ich stolz bin in meinem Leben.

Wenn die Übung in einer Gruppe angeboten wird, folgt auf die Phase des Alleinarbeitens der Austausch der Teilnehmenden untereinander: Sie werden gebeten, sich auf einen vorbereiteten Stuhl, den »Thron«, vor die anderen hinzusetzen und drei Dinge von sich zu erzählen, auf die sie stolz sind. Interessanterweise erzählen die Menschen meist dann etwas anderes als das, was sie aufgeschrieben haben. Ich vermute, dass durch das Schreiben und Malen das Gold gehoben werden konnte.

Biografische Narrativität, von lat. *narrare: erzählen*, bezeichnet die Art und Weise, in der wir uns selbst und anderen die Geschichte/n unseres Lebens erzählen, ja unser Leben als Geschichte, und damit als etwas, das Sinn macht, entwerfen.

Lebens-Geschichten sind das, was Menschen am allermeisten interessiert, sie machen die grundlegende menschliche Erfahrung sichtbar, dass die Zeit uns formt, indem sie uns Sinn gibt und indem sie uns, im Tod, allen Sinn nimmt.

Wenn bedeutende Ereignisse im Leben eines Menschen stattfinden, die als Unterbrechung des gewöhnlichen Ablaufs wahrgenommen werden, seien sie positiv oder negativ, braucht es neuen Sinn, eine neue Erzählung, manchmal sogar einen ganz neuen erzählerischen Lebens-Rahmen, in dem dieses unvorhergesehene Ereignis eben wieder Sinn macht, bearbeitbar wird, eingepasst werden kann. Ohne Sinn können wir nicht leben. Mit zu viel altem Sinn, der auf die heutige Lebenssituation nicht mehr passt, auch nicht.

Manche Geschichten werden uns in manchen Abschnitten unseres Lebens sinnvoll, weil sie etwas thematisieren, was wir vielleicht noch nicht ganz in Worte fassen können, von dem wir aber spüren, dass es für uns wichtig ist.

Es ist mittlerweile bekannt, dass diejenigen Menschen Krisen und Übergänge am besten meistern, die ihnen einen Sinn verleihen können. Wer sein Leben als eine Abfolge von Schicksalsschlägen erlebt, denen er hilflos ausgeliefert ist, wer ein gravierendes Einzelereignis erlebt hat, etwa einen Unfall, dem er keinen Sinn zu verleihen vermochte, ist verwundet, und diese Verwundung wirkt sich seelisch und körperlich und spirituell aus. Die Kräfte werden weniger.

Umgekehrt wissen wir, dass Menschen auch sehr schwere und schwierige Lebenssituationen meistern konnten und gestärkt aus ihnen hervorgingen, wenn sie vermochten, für sich einen Sinn zu gestalten.

Mich hat die Geschichte der Buchenwald-Jungen sehr berührt, von denen Elie Wiesel, der Nobelpreisträger, der bekannteste ist. Mir schien, dass im selben Moment, in dem den Kindern im Konzentrationslager Buchenwald alles genommen, ihnen gleichzeitig die entscheidende Ressource für ihr körperliches, seelisches und spirituelles Überleben an die Hand gegeben wurde: die Gemeinschaft der anderen Kinder, die bis heute erhalten blieb und in der sich die Überlebenden aufgehoben fühlen können, wie sie in einem Dokumentarfilm berichten.

Manche Geschichten dienen uns als Rahmen für unsere Lebenserzählung, durch sie macht alles, was im Leben passiert, Sinn: die Geschichte von David und Goliath beispielsweise kann den sinnbildenden Hintergrund darstellen, vor dem ein Mensch sein Leben erlebt.

Der religiöse Glaube eines Menschen oder seine Weltanschauung kann die Rahmenerzählung abgeben, in die sich jedes Lebensereignis einfügt und durch die es seine Erklärung findet: gottgewollt, Gottes unerforschlichem Ratschluss folgend, oder auch: die Vorsehung, der allwissende Gott, der Weltgeist in seiner Güte, oder auch: vanitas vanitatum, alles eitel, alles vergeblich.

Das Leben schreiben

Plato: Hypomnemata – Lebensbücher
Plato schlägt in seinem Phaidros eine Technik vor, die er »Hypomnemata« nennt: Schreiben als Technik der Selbstformung und -transformierung.

Das eigene Leben als Buch

Hypomnemata sind Lebensbücher, oft in Form von Kladden wie die mittlerweile berühmten Moleskine-Bücher, die Bruce Chatwin auf seinen Reisen vollschrieb. In diese Lebensbücher passt alles: kleine Beobachtungen, Zitate, Rezepte, Tagebuch, Randbemerkungen, Kassenzettel und Besorgungslisten, Nummern und Namen … Michel Foucault begriff diese Bücher als eine Technik der Selbstformung und -transformierung durch Schreiben.

Eine Freundin erzählt:

»Ich schreibe meine Bücher meist von beiden Seiten voll. Am einen Ende ist die Reihe der Texteintragungen, mehrmals täglich meist, und wenn ich das Buch umdrehe und am anderen Ende aufschlage, sind da meine Besorgungslisten, Einkaufslisten, Telefonnotizen, Tagespläne, kurz: alles, was im täglichen Leben organisiert werden muss und nicht vergessen werden soll. Auf diese Weise beinhaltet so ein Buch nach und nach parallel mein eher inneres und mein eher äußeres Leben, und ich kann zurückblättern und nachvollziehen, was aus jener Besorgung und diesem Plan wurde und wie mein Glücksgefühl wuchs oder schwand.«

Die Lebensbücher sind eine Technik, das eigene Leben zu schreiben und es dadurch sich selbst sichtbar zu machen. Schreibend und nach-lesend erfahren wir uns selbst als ›Andere‹, als ›Anderswo‹. Dadurch entsteht eine Distanz zu sich selbst, die Veränderung, Transformation ermöglicht. Das Leben sichtbar machen

Die Gestalt des Selbst bildet sich so in der Schrift:

Die eigene Geschichte kann entdeckt werden, in der Rückschau kann das, was vergangen ist, auf- und umgearbeitet werden.

Der Raum, in dem sich die Zukunft entfalten kann, wird durch Schreiben eröffnet, und schließlich kann die Gegenwart aufmerksam beobachtet werden, Handlungs- und Wahlmöglichkeiten können offengehalten werden. Mehrdimensionalität des Schreibens

Im Schreiben erscheint der »Horizont der Möglichkeit« (Schmid, 2000, 317).

Ein Klient erzählt:

»Ich habe mehrere Bücher: Tagebuch, schamanisches Buch, Buch, um Gedichte etc. zu schreiben, Reisetagebuch, in das ich auch Dinge einklebe wie Programme, Visitenkarten, Fotos, ich habe themenbezogene Bücher, eins ist der besondere Briefwechsel per Mail mit einem anderen Transmann, Tom. Eine Zeit habe ich so ein Buch mit einer Bremer Freundin gehabt, das wir hin- und hergaben. Auch ein Lebenslauf ist ein Schreiben, denn er wird, trotz fixer Daten, doch immer wieder neu, je nachdem, wie ich mich darstellen will.

Oscar Wilde nahm seine Bücher auf Reisen mit, weil die eigene Geschichte ihm eine amüsante und interessante Lektüre erschien. Manchmal überrascht mich das Lesen älterer Texte, manches rührt mich zu Tränen, manches rückt wieder in die Erinnerung. Ich berühre mein Selbst in der Vergangenheit, und es berührt mich, so als würde ich eine Zeitreise machen oder Zeit in einer Parallelwelt existieren oder eben eigentlich keine Dimension sein. Schreiben schafft Distanz – ich bin es, die schreibt, und doch wird es zu anderen ...«

Julia Cameron: Morgenseiten

Julia Cameron schlägt folgende Schreib-Technik vor, die »Morgenseiten«:

Jeden Morgen, sofort nach dem Aufwachen, drei DIN-A4-Seiten vollschreiben. Einfach schreiben, nicht viel dabei denken, sich vor allem nicht selbst zensieren, möglichst nicht stocken, Grammatik und Stil sind nicht entscheidend. Cameron betont, dass es drei Seiten sein sollen, nicht weniger, denn gerade die Widerstände, das Sichlangweilen oder Sichquälen mit der Aufgabe, bringt Neues und Unerkanntes an die Oberfläche. Wichtig ist auch hier, das Selbst sprechen zu lassen, die Gedanken fließen zu lassen, in Kontakt mit den weniger bewussten Schichten des Selbst zu kommen und sich so auf eine neue Weise kennenzulernen. Im Nachhinein stellt sich häufig heraus, dass wichtige Ideen, Pläne, Beziehungen, Lebenswenden ihr erstes Erscheinen auf den Morgenseiten hatten, lange bevor sie ins aktive, planende und handelnde Bewusstsein rückten.

Am Morgen ist die Grenze zum Unbewussten noch nicht so fest, sodass gleich nach dem Aufwachen Dinge nach oben kommen können, die sich sonst ihren Kopf an der Grenze des Alltagsbewusstseins stoßen würden. Die Morgenseiten sprechen auch eine unkontrollierte, spielerische Seite in uns an. Einfach sein zu können im Moment, ohne Ziel, ohne konkretes Denken, fast ohne etwas »Wichtiges« produziert zu haben. Eine Achtsamkeitsübung fast. Morgenseiten lassen zarte Ideenpflänzchen ans Licht kommen.

Andrè Breton: ecriture automatique

Ähnlich die von Andrè Breton erfundene Methode des »automatischen Schreibens«:

Hier sind es nicht die drei Seiten, die voll werden müssen, sondern es ist ein Zeitraum, meist fünf bis zehn Minuten, der durch Schreiben gefüllt werden soll, und zwar dergestalt, dass der Stift das Papier nicht verlässt: Also wenn gerade kein Text vor dem inneren Auge erscheint, wird weiter »geschrieben«, nach Kinderart: Mit Kringeln oder anderen schreibähnlichen Zeichen auf dem Papier wird der Fluss aufrechterhalten, bis sich wieder ein Gedanke, ein Satz formt und aufgeschrieben werden kann. Auch diese Technik versucht, die weniger bewussten Anteile des Selbst zur Sprache, zur Schrift kommen zu lassen. Oft mit sehr überraschenden und inspirierenden Ergebnissen.

Diesen Techniken ist gemeinsam, dass sie das Schreiben als RESSOURCE begreifen, es nutzbar machen für eine Selbstbeziehung, in der das schreibende Selbst sich verdoppelt und sich dadurch erkennen und entwickeln kann.

Die Lounge und ihre Geschichten

Was wäre die Lounge ohne ihre Geschichten. Stellen Sie sich mal vor, wir kämen am Freitagabend alle zusammen, Heinz, Joni, Kurt, Elm, Sprinter, Prisoner, Butsche, Miriam, Love und noch manch anderer Gast, und würden ausdruckslos mit einem Getränk in der Hand in unseren bequemen Loungesesseln sitzen und nur raus auf den Fluss gucken. Den ganzen Abend lang, wohlgemerkt. Das wäre doch irgendwie komisch. Und aushalten könnte das eh keiner von uns, das ist klar, denn alle haben die Woche einiges mit ihren Menschen erlebt und wollen es zum Besten geben. Klar, auch sich der Musik hinzugeben ist klasse. Und einfach für sich den Gedanken nachhängen auch. Aber was zu erzählen zu haben verbindet, macht Spaß, schafft Sinn, erklärt manches und informiert ja ab und zu auch, sodass man das eine oder andere voneinander lernen und über vieles lachen kann.

Heute, angeregt durch den Regen, der gegen die Scheiben klopfte, erzählten sie sich alle Geschichten vom Wasser. Heinz Mensch hatte lange gespart und war mit den Hurtigrouten, einem Postschiff, bis ganz nach oben ans Nordkap gefahren. Diese Schiffe hatten nur einige Kabinen und wenig Komfort. Aber durch die Gletscherwelten zu fahren, die so grün und blau und weiß und je nach Sonne auch mal rosa glitzerten, war es allemal wert. Genau genommen war er es sich wert gewesen, sich diese Reise zu gönnen, und er hatte die Ausdauer, die nötige Summe dafür zusammenzubekommen. Loves Mensch hingegen war da spontaner. Sie buchte kurzerhand Last Minute und flog nach Irland, wo sie in den Wicklowmountains von Hütte zu Hütte wanderte und immer wieder den Blick auf die smaragdgrünen Seen genoss. Prisoner gab eine Geschichte zum Besten, die in Schweden spielt. Er war in einer Hütte mitten im Wald in der Nähe eines Sees untergekommen, die kein fließendes Wasser hatte. So richtig ursprünglich sollte es sein. Entweder fing man das Wasser in einer Regentonne auf oder holte es mit der Schubkarre in Kanistern vom See, was aber recht beschwerlich war. Eines Morgens, so berichtet er, sei eine tote Maus oben im Wasser in der Regentonne mit dem so wichtigen Trinkwasser geschwommen. Sie war vermutlich durch die Regenrinne hineingerutscht. Wie schade für die Maus. Und wie schade für Prisoners Mensch, der nun Wasser vom See zum Trinken holen musste, der Kilometer entfernt war. Ihm wurde die Bedeutung von Wasser darüber noch mal viel deutlicher. Und Butsche erzählte vom Wintermeer und vom Sommermeer und von seinen Fahrten und Abenteuern auf hoher See. Elm wusste von einer Geschichte zu berichten, wo so wenig Wasser da war, dass die Menschen Tücher über Pfützen legten und dieses Wasser dann tranken. Es folgten noch einige Wassergeschichten. Alle hörten gespannt und interessiert zu. Reisegeschichten, Lebensgeschichten, Liebesgeschichten, Geschichten von Wert und Wertigkeit, witzige Erlebnisse und Geschichten zum Nachdenken. Die Leben wussten, dass das schon immer so war, dass die Menschen sich Geschichten erzählten. Überall auf der Welt. Sie fanden das sehr verbindend, zumal die Basis der Geschichten unabhängig von ihrer Kultur immer ähnliche Themen hatte. Menschenthemen eben.

Kraftquelle 5
Aktive Selbstsorge

Zur aktiven Selbstsorge gehört als Voraussetzung die tief gefühlte, als wahr empfundene Erkenntnis, dass ich für mich selbst
sorgen *kann* und *darf*. Aktive Selbstsorge funktioniert nur von
innen nach außen.

Das hört sich banal an, scheint aber vielen Menschen gar nicht
als selbstverständliches Kapital mit auf den Weg gegeben.

Kein anderer Mensch hat die Aufgabe oder die Pflicht oder
auch nur die Möglichkeit, für mich zu sorgen. Dies gilt natürlich
nur in Zeiten der Nicht-Angewiesenheit auf medizinische oder
andere fachliche Expertenhilfe. Aber da sind wir schon mitten im
Thema:

An Experten, an Dienstleister aller Art, Medikamente, Zer-
streuungen und sonstige Beeinflussungen des eigenen Zustands,
die von außen nach innen wirken, wird delegiert, was Kern und
Herz der aktiven Selbstsorge ist: In mich zu gehen, von innen
heraus zu erkennen, wie es mir geht, was ich brauche und was
ich dafür tun kann, damit ein von mir gewünschter Zustand des
Wohlbefindens, der Erleichterung, der Entspannung, der ge-
lassenen Lebensfreude gar eintritt.

Und wer sorgt für mich?

Was brauche ich wirklich? Erkenne dich selbst!

Voraussetzung für Selbstsorge ist, dass wir uns, so gut wie eben
möglich, kennen, dass wir wissen, wie wir gestrickt sind, was wir
brauchen und was nicht.

Wie viel Ordnung brauche ich, wie viel Chaos?

Wie viel Lärm? Wie viel Ruhe?

Wie viele Freunde?

Wie viele Bekannte?

Wie viel Familie?

Allein leben?

Zu zweit leben?

Zu vielen leben?

Wie viele Menschen, die mir ähnlich sind?

Wie viele Menschen, die mir nicht ähnlich sind?

Wie viel Intimität brauche ich?

Wie viel Intimität ertrage ich?

Intimität mit mir selbst?

Mit anderen?

Wie viel Bett brauche ich?

Wie viel Raum um mich herum?

Welche Qualitäten soll der Raum um mich herum haben?

Wie viel Zeit für mich?

Welche Art von Zeit?

Welches Lebens-Tempo ist mir angemessen?

Wie viel Schönheit brauche ich in meinem Leben?

Wie viel Verantwortung für andere Menschen brauche ich, damit es mir gut geht?

Wie viel Selbstbestimmung?

Wie viel Opfer?

Wie viel Verzicht brauche ich, damit ich mich der Substanz meines Lebens nahe fühlen kann?

Was ist das positive Körpergfühl, das ich anstrebe?

Wie viel Gewicht brauche ich, damit es mir gut geht?

Wie viel Sicherheit brauche ich?

Wie viel Stimmigkeit brauche ich?

Wie viel Helligkeit?

Wie viel Dunkelheit?

Wie viel Konsum brauche ich?

Wie viele Entscheidungen will ich treffen?

…

Aktive Selbstsorge: Sich aufmachen zu sich selbst

Aktive Selbstsorge geht über das Befriedigen der Grundbedürfnisse hinaus, auch wenn Letzteres basal und wichtig ist.

Vier Grundbedürfnisse müssen wir im Alltag befriedigen:

- Für *guten Schlaf* zu sorgen und sich einen Tagesrhythmus anzueignen, der hilft, am Abend »runterzukommen«, sei es durch eine Entspannungsübung, sei es durch das Schreiben eines Tagebuches, das Trinken eines warmen Getränks wie Kräutertee oder Malzkaffee, sei es, jeden Abend im Bett die gleiche Musiksendung anzuhören oder den Tag durchzugehen unter dem Aspekt: »Wofür bin ich heute dankbar? Was konnte ich heute lernen?«
Fernsehen entspannt, das zeigen Forschungen, nur für eine halbe Stunde. Alles darüber hinaus regt den Geist an – was bei TV-Genuss bis zur letzten Minute nicht zwangläufig einen erholsamen Schlaf garantiert.
- *Regelmäßig und gut essen*, was nicht heißen muss: teuer, gehört auch zur aktiven Selbstsorge. *So frisch wie möglich, so vielfältig wie möglich, so abwechslungsreich wie möglich* können dabei genauso Kriterien sein wie die berühmten »5 am Tag«: fünf Hände voll Obst und Gemüse am Tag zu sich zu nehmen, um sich u. a. mit Vitalstoffen und Vitaminen zu versorgen. Diese Regel kann pragmatisch und einfach befolgt werden und dient so der einfachen und guten Versorgung des Körpers. Natürlich kann man sich durch Kochbücher, für neue Rezepte inspirieren lassen, um dem Gaumen zu schmeicheln.
- *Regelmäßige Bewegung* gehört auch zur aktiven Selbstsorge. Welche Art der Bewegung man sich aussucht, folgt den eige-

nen Interessen. Ob Spazierengehen, Yoga, Qigong, Joggen oder Nordic Walking oder Fitnesscenter, hängt auch von den örtlichen Gegebenheiten und erreichbaren Angeboten ab. Aber selbst das Fernsehen bietet Mitmachgymnastik an ...

■ Für *Entspannung* zu sorgen, gehört selbstverständlich zum Leben wie essen und schlafen. Mußezeiten einplanen. Die Seele baumeln lassen. Selbstvergessen etwas tun. Meditieren. Wenn keine Zeit mehr für Entspannung da zu sein scheint, ist der Tag eh schon zu voll gepackt. Da heißt es Grenzen setzen, um sich Zeit zu nehmen, den eigenen Brunnen aufzufüllen. Sonst geht es einem wie dem Mann, der mit einer stumpfen Säge laut vor Anstrengung stöhnend einen Baum absägen will. Ein anderer Mann kommt vorbei und sagt: »Mach doch mal Pause und tausch dann das Sägeblatt aus.« Da antwortet der andere Mann: »Keine Zeit. Ich muss sägen.«

Aktive Selbstsorge geht aber über das Versorgen der Grundbedürfnisse hinaus – sie soll inspirieren, belohnen, sie soll ein Signal für die Seele setzen: Ich mag mich selbst. Ich sorge gut für mich. Ich mache neben der Grundversorgung Dinge, die mir guttun. Und ich gehe auf Entdeckerreise, was das sein kann. Manchmal kann es helfen, sich vorzustellen, man müsste sich jeweils ein Programm für eine 5-Jährige, eine 10-Jährige, eine 14-Jährige, eine 20-Jährige, eine 30-Jährige etc. überlegen. Da kann Kreatives, Schöpferisches dabei herauskommen, das der Seele schmeichelt und guttut. Das hilft, sich lebendig zu fühlen und über das bloße Funktionieren hinauszugehen. Das kann das Schreiben von Gedichten sein, das kann ein Spaziergang sein, bei dem ich an allen möglichen Pflanzen rieche, das kann ein *die Sonne bewusst auf der Haut spüren* sein, nachts Schlittschuhlaufen gehen oder bei Mondschein im Garten tanzen.

Aktive Selbstsorge heißt, sich aufzumachen zu sich selbst. Viel Spaß dabei.

Aktive Selbstsorge: Signale an die Seele senden

- Sich selbst mit einem wundervollen Öl Füße und Hände massieren.
- Einen Tag von 0–24 Uhr nur für sich gestalten. Z. B. mit langem Ausschlafen, einem leckeren Frühstück, einem Besuch im Planetarium, eine Runde schwimmen gehen im See, einen Cappuccino in einem Straßencafé und am Abend Mußezeit zum Aus-dem-Fenster-Gucken.
- Sich ein Aktionstagebuch anlegen von dem, was mir Spaß macht: z. B. Ausflüge machen, Blumen aussäen und sie wachsen sehen, Chorsingen, Drachen steigen lassen, Eis essen voller Genuss, Freundinnen besuchen, Gitarre spielen, Haustier streicheln, Ingwermarmelade einkochen, Jazz hören, Kunstausstellung besuchen, Liebesbriefe schreiben, und sei es an sich selbst, Murmeln spielen, Nachtspaziergang, Obertongesang hören, Pilze sammeln, Queerfilm gucken, Reiten, Sandburgen bauen, Tischtennis spielen, Ufos bauen, Vogelstimmen bestimmen, Watt- oder Waldwanderungen, Zeitungsartikel schreiben …
- Regelmäßig morgens oder abends wenigstens zehn Minuten meditieren
- Joggen, Nordic Walking, schwimmen, wandern …
- Etwas Neues lernen
- Sich selbst am wichtigsten nehmen
- Dieses Buch immer wieder lesen
- Das eigene Schlafzimmer schön herrichten, dass es ein Ort der Ruhe sein kann, und gegebenenfalls entrümpeln.

Aktive Selbstsorge: Essen für die Seele

Kindheitsgeschmäcker heute   Übung

Was hat in der Kindheit geschmeckt? Was war Freude, Belohnung, lang erwartetes, seltenes, besonderes Essen?
Süß? Sauer? Salzig? Warm? Kalt? Pommes rotweiß?

Viele, viele Kohlehydrate? Morgens? Mittags? Abends?
Die heiße Milch mit Honig? Das Wiener Schnitzel? Erdbeeren mit
Sahne? Puffreis mit Schokolade?
Was war als Kinder-Essen alltäglich und ist mit dem Erwachsen-
Werden verschwunden? Welche neuen Köstlichkeiten kamen dazu?

Ich erinnere mich:

Leibspeisen Mutters Linsen mit Spätzle und Saitenwürstchen. Ihre Armen
Ritter mit Vanille-Soße. Ihr Kartoffelbrei! Vaters immer an-
gebranntes Sonntags-Gulasch. Oder sein schlesischer Salat mit
Zucker und Speck. Im Winter der Apfelsaft vom eigenen Gütle
in den braunen und grünen Flaschen ohne Etikett, die zu Hunder-
ten im Keller standen. Das Sauerkraut aus dem Fass, vom Vater
eingestampft und mit einem Stein bedeckt. Daneben hing der
Speck, hingen die Würste und dufteten. Im Urlaub die Bodensee-
Felchen, frisch aus dem Rauch. Schupfnudeln mit Sauerkraut.
Gaisburger Marsch, gehasstes Essen. Der Sauerbraten der schwä-
bischen Großmutter, in Buttermilch eingelegt und unübertreff-
lich zart und mild.

Später im Leben:

Das kühle helle Hefeweizen, Zuprosten mit dem Schwager
nach der langen Sommer-Wanderung. Das Picknick mit allen
meinen Lieben bei der Abtei unterhalb von Pienza in der Toskana
mit dem köstlichen kalten Quellwasser. Das Frühstück, das die
Schwester an den Bootssteg brachte nach dem langen Angel-
morgen auf dem Argensee. Der Tintenfisch mit Kartoffeln und
Auberginen frühmorgens um vier aus der Pfanne des Fischers
Salvatore in Marina di Furore an der Amalfitana: inniges Reise-
Erlebnis mit meinem Mann. Das Hommus mit Tahini in dem ara-
bischen Altstadt-Restaurant in Jerusalem: große weite Welt. Das
buttered scone im Burrator House auf dem Dartmoor. Das erste
selbst gemachte Rosenblüten-Gelee, gepflückt mit der geliebten
Herzens-Freundin. Der Hagnauer Pinot Rosé-Sekt, Bodensee-
Heimat in der nördlichen Fremde.

Alles Tröste-Essen für die Seele.

In der Lounge: Den Mut haben, zu sich zu stehen

Elm brachte einen Fragebogen in die Lounge mit. »Erkenne dich selbst – bist du Lerche oder Nachtigall« war der Titel. Sein Mensch las ja immer diese Zeitschriften und Bücher – da konnte Elm das eine oder andere als Inspiration für den Abend in der Lounge mitbringen. Erkenne dich selbst, zum Ankreuzen. Fragebögen ausfüllen macht Spaß. Die Ergebnisse, ob ich lieber früh aufstehe oder spät, ob ich lieber vegetarisch oder vollwertig essen will, ob ich lieber allein arbeite oder im Team, ob ich solar oder lunar bin, je nach Geburtstag, diese Ergebnisse sind oft interessant und erhellend für ihre Menschen, wussten die Leben zu berichten. Oder gar mit Aha-Erlebnissen verbunden. »Stimmt, so liege ich am liebsten im Bett, die Farbe mag ich bevorzugt, das Essen bekommt mir besser als anderes etc. Da habe ich doch schon das eine oder andere richtig gemacht – instinkiv.« Die Menschen sind oft ganz beglückt.

Die Frage, die alle Leben in der Lounge aber bewegte, ist, was ihre Menschen mit der Erkenntnis über sich selbst anfangen. Angenommen, Sie sind Spätaufsteher, sind aber in einem Job, der morgens um 6 Uhr anfängt. Oder lieben helle Räume, leben aber in einer Souterrainwohnung, oder wollen lieber in der Großstadt leben, haben aber ein Häuschen auf dem Land, wo die Eltern noch ein Grundstück frei hatten usw. Was ist, wenn man weiß, wie man gestrickt ist? Die Leben berichten nämlich, dass das für ihre Menschen oft zwei Paar Schuhe sind. Jaa, ich weiß ja, was ich brauche. Aber mein Chef würde mir bestimmt nicht erlauben, später zur Arbeit zu kommen und dafür länger zu bleiben. Nicht, dass Sie gefragt hätten. Oder: Gern würde ich hier wegziehen, aber mein Partner will das bestimmt nicht. Als ob Sie ihn daraufhin mal angesprochen hätten. Die Leben stellen fest, dass ihre Menschen oft viele Vorwände dagegen haben, etwas den Erkenntnissen gemäß zu ändern. Und, was die Leben eben sehr verwundert, es oft nicht ausprobieren, ob sich nicht doch etwas in die Richtung des eigenen Wohlbefindens verändern lässt, und sei es nur graduell. Macht doch ein Grad Kursveränderung auf lange Sicht ein neues Land als Ziel aus. Da muss man nicht immer das Ruder ganz rumreißen, weiß Butsche, die mit ihrem Menschen lange Zeit zur See gefahren ist und die Weite so liebt. Manchmal fängt Butsche auch an zu schwärmen von den Farben des Himmels über dem Meer. Am Morgen, in der Nacht mit all den Sternen und am Abend, mit den Farben von Türkis bis Rosa, so transparent, dass das Herz aufgeht. Den meisten SeefahrerInnen sieht man die Weite des Meeres in den Augen an, weiß Butsche noch zu berichten.

Es ist scheinbar gar nicht so leicht, etwas zu verändern, auch wenn man weiß, was einem guttäte. »Eigentlich weiß ich ja, dass täglich Sport und Entspannungsübungen mir guttäten – wenn da der innere Schweinehund nicht wäre, der mich davon abhält...«, eine typische Aussage von Kurts Menschen, der so gern auf dem Sofa sitzen bleibt. Viele Gründe, etwas zu tun, und noch mehr Gründe, etwas nicht zu tun. Oder gilt, was Sprinter sagt: Wer was ändern will, tut es. Wer nichts ändern will, hat Gründe. Naja, manchmal, wenn man sich denn entschieden hat, etwas zu verändern, dann muss man ja auch durchhalten können, auch wenn es mal nicht so gut gelingt, sagt Love. Gut wäre da doch ein **Belohnungssystem**. Entweder, so ihre Idee, sich für jeden Tag, an dem man eine Sache umgesetzt hat, einen grünen Punkt zu geben und sich vorher zu überlegen, was es für 10 oder 20 oder 30 grüne Punkte als Belohnung gibt. Z. B. einen Besuch in Schmidts Tivoli in Hamburg oder das ersehnte Paar Schuhe oder die CD, deren Musik so klasse ist.

Oder, eine andere Möglichkeit, sich als Mensch selbst zu motivieren, weiß Heinz, ist, sich allein am Ende von einer oder zwei Wochen für die Bemühungen zu belohnen, an der Sache drangeblieben zu sein. Und sei es, das Gespräch mit dem Chef bezüglich anderer Arbeitszeiten schon mal inhaltlich vorbereitet zu haben. Heinz meint auch, dass man nicht alle Dinge allein machen muss und auch Freundinnen fragen kann, ob sie als Unterstützerinnen an der einen oder anderen Stelle mithelfen.

Eine Veränderung ist wie ein Lauf, meint Sprinter. Erst muss man überhaupt auf die Idee kommen, etwas Gutes für sich zu tun, dann muss man sich entscheiden, ob man Kurz- oder Langstrecke laufen will, dann den Trainingsplan erstellen, hier könnte schon jemand mithelfen, dann täglich trainieren, dann vielleicht jemanden haben, der mitmacht, damit man nicht immer allein laufen muss, dann Menschen fragen, ob sie am Rand stehen und Mut machen oder Getränke oder

Bananen austeilen, und dann muss es auch eine Ziellinie geben, damit man weiß, dass es entweder eine Zwischenetappe oder das Ziel selbst ist. Und dann gibt es noch den Gewinn, wie eine Medaille. Und jemanden, der einem gratuliert und gegebenenfalls auch massiert, bleiben wir beim Beispiel des Laufens, sagt Sprinter.

Das Gute wäre, dass man eine Veränderung nicht zwangsläufig allein angehen muss. Nur selber losgehen muss man, Schritt für Schritt, und dann käme man auch ans Ziel. Manchmal, so Sprinter, gehen Menschen aber auch nicht los, weil der Gewinn oder Vorteil der jetzigen Situation noch zu groß sei, als dass der Gewinn der neuen Sache sie in Bewegung setzen, also motivieren könnte. Und manchmal braucht es einfach Mut, zu sich und seinen Bedürfnissen zu stehen und dann beim Äußern keine Angst zu haben, dass man womöglich nicht mehr geliebt wird, wenn man sich zeigt, wie man ist. Letztendlich sei es nur wichtig, eine Entscheidung zu treffen. Und sei es, die Dinge zu belassen, wie sie sind. Nur dann ist man nicht Opfer der Situation, sondern hat sie tatkräftig so belassen. Und trägt auch die Verantwortung dafür. Das macht ein besseres Selbstwertgefühl, meint Joni bei ihrem Menschen beobachtet zu haben. Auch das wäre ja Mut, zu sich zu stehen, auch wenn man nichts verändert.

Kraftquelle 6
Optionen wahrnehmen: Die Bagel-Falle, win-win und wu wei

Mein erster amerikanischer Supermarkt war in Lancaster, Pennsylvania. Herz des Amish-country, gewiss keine Großstadt nach US-Maßstäben. Ich stand vor der Theke mit den Backwaren und bestaunte die Bagels[4]: unermesslich viele, mindestens 25 Sorten, appetitlich aufgereiht. Bagels mit Zucker, mit Apfel und Zimt, mit Blaubeeren, mit Smarties, mit Nüssen, mit anderen Nüssen und Schokolade, mit ohne Fett, mit Honig, mit Vanille, glutenfrei, kochsalzfrei, mit Ahornsirup, zuckerfrei, bagelfrei, mit Limone und Pistazien …

Die Qual der Wahl Die Frage, welchen ich wolle, konnte ich unmöglich beantworten. »Kann mich gar nicht entscheiden, alles so schön bunt hier«, sang Nina Hagen in den Achtzigern, und genauso ging's mir vor dieser Supermarkttheke.

Die Verkäuferin löste das Problem auf sehr amerikanische Weise: »Try them all«, versuch jeden, meinte sie und fing an, Bagels aufzuschneiden und auf ein Tablett zu häufen. Ich kann aber auch nicht 25 *halbe* Bagels testen, um herauszufinden, welche ich mag und welche nicht!

Mein Problem waren die Verluste, die unvermeidlich eintreten, wenn ich mich zwischen mehr Optionen, als ich testen kann, entscheiden muss.

Das ist die Bagel-Falle:

Wenn ich von dreien einen nehme, sind zwei mein Verlust, und die konnte ich testen. Das ist überschaubar und erträglich.

---

[4] Wir wurden darauf hingewiesen, dass es nötig sein könnte zu erklären, dass ein Bagel ein gebäckähnlicher Kringel ist, mit einem Loch in der Mitte, der in den USA Kultstatus hat. Wir denken nicht, dass eine Erklärung nötig ist.

Wenn ich von 25 einen nehme, sind meine Verluste im Verhältnis zu meinen Gewinnen riesig: 24 Bagels, von denen ich die meisten nicht mal getestet habe. Ich weiß also gar nicht, was ich verliere, nur dass durch die Wahl ein nicht zu ermessender Verlust eintritt. Also verliere ich, egal, wie ich mich entscheide, auf jeden Fall. Das ist der Grund, warum manche Leute dann keinen Bagel kaufen oder ewig brauchen, um sich für ein Kleid oder ein Auto oder eine Wohnung oder eine Beziehung zu entscheiden: Sie halten die Verluste nicht aus, die sie sich mit einer Entscheidung unweigerlich einhandeln würden.

Dann lieber keine Entscheidung, denn das fühlt sich so an, als hätte man dann keinen Verlust. Das stimmt natürlich nicht, aber das Gefühl ist durch die Vielzahl der Optionen getäuscht worden, *keine Wahl* für die beste, weil verlustminimierendste, Wahl zu halten. Auf diese Weise entgehen uns Optionen, die wir hätten, wenn wir uns zum *Akt des Wählens* durchringen könnten.

Verlust durch Entscheidung?

Mit der Wahl gehen Verlustängste einher, die Angst machen können. Angst, etwas zu verpassen, etwas loslassen zu müssen, etwas Falsches zu tun, eine günstige Gelegenheit nicht wahrzunehmen, Leid zu erleben – durch den Akt des Nicht-Wählens glauben wir, Leid vermeiden zu können. Dies scheint umso besser zu gelingen, wenn wir gar nicht erst wahrnehmen, dass wir Optionen *haben* – auf diese Weise sind wir in unserem Empfinden nicht vor die Wahl gestellt, zu wählen oder nicht zu wählen.

Der häufigste Irrtum geschieht bei der Abschätzung der Folgen des Nicht-Wählens: Wenn einmal die Situation der Wahl eingetreten ist, bedeutet Nicht-Wählen nicht, den Status quo beizubehalten, denn der hat sich bereits durch das Auftauchen der Wahlmöglichkeit verändert. Ich habe mein Traumkleid im Schaufenster *gesehen*. Jetzt brauche ich psychischen Aufwand, um so zu tun, als wäre die Wahl, es zu kaufen oder nicht zu kaufen, nicht eingetreten. Auch Nicht-Wählen kostet Kraft.

Es geht also zunächst nicht darum, *was* wir wählen, sondern wie wir uns angesichts der Optionen und der Optionsverluste in die Lage versetzen können, *überhaupt zu wählen.*

Der konsequente Rückzug von der Überflutung mit Optionen hat Konjunktur unter Kürzeln wie *simplifying* oder *Komplexitätsreduktion* oder *downshifting* oder *Entschleunigung*. Das kann phasenweise Erleichterung verschaffen.

Optionen vermeiden

Wir ziehen uns zurück: aus der Großstadt, aus dem Stressjob, aus der Beziehung. Wir vereinfachen, räumen auf und schmeißen raus, *clear your clutter with feng shui*. Wir verzichten: auf Fernseher, Handy oder Süßes. Wir schalten einen Gang zurück: weniger Status, Geld oder Parkett-Quadratmeter.

Damit *vermeiden* wir Optionen und die damit einhergehenden Verlustängste, gewinnen partielle Freiheit vom Entscheidungsdruck und mindestens dadurch schon gesteigerte Lebensqualität.

Wir lösen aber nicht das Problem der Bagel-Falle.

Was hätte mir der Bagel also gegeben? 1 Bagel, 24 Optionsverluste und das daraus resultierende Bedürfnis, mehr zu konsumieren, um das Glück der erfolgreichen Wahl ohne Verlustgefühle doch noch zu erreichen.

Mit jedem Bagel, mit jedem Optionsverlust kommt mein inneres Konto weiter ins Minus. Die Bagel-Option rettet uns also nicht, führt nur in die Konsum-Spirale. Gleichzeitig ist klar, dass wir wählen *müssen*, wir können uns nicht vor jeder Wahl zurückziehen. Ein Auto muss her, ob Alfa Romeo oder KIA, Kleider müssen her, Haus, Wohnung, Arbeit, Geliebte, Hund oder Kind, welches Restaurant zum Abendessen. Wir *müssen* wählen.

Aber wie?

Zwei Alternativen

Zur Vermeidungsstrategie des *simplify* und zur Bagel-Falle gibt es zwei Alternativen, nur zwei:

Win-win und *wu wei*

Beide haben dieselbe Voraussetzung: *trauern*.

Trauern hat keine Konjunktur, und es macht auch keinen Spaß, es lässt sich als Lebenshilfe-Konzept oder Lifestyle-Trend nicht verkaufen. Es ist schlecht vermarktbar, kann weder in Zeitschriften-Formate noch in andere Produktreihen umgesetzt werden. Zudem ist es kein Gruppenevent, jedenfalls meist nicht, und es hat keinen Fun-Faktor. Noch nicht mal einen ausbeutbaren Human-Faktor: trauernde Menschen sind oft eher in sich gekehrt und leise. Sie passen in keine Monster-Nachmittags-Talkshow und in kein Krawall-Fernsehen. »Wer nicht trauern will, muss hassen«, sagt Hans-Eberhard Richter und erklärt damit ein für allemal die Psychodynamik von gewalttätigen Konfliktlösungen jeder Art.

Wenn wir kleinen Kindern pro Stunde mehrere Optionen aufnötigen, wie ich es Eltern auf Ferienfahrt habe tun sehen, überfordern wir sie ständig und maßlos. Dies führt zu Desorientierung und einem permanenten Gefühl der Überreiztseins, wie wir es auch bei Erwachsenen kennen.

Überforderung und Desorientierung

Sich auf die Psychodynamik der Überforderung durch Optionen einzulassen, ist eine Form des gewalttätigen Umgangs mit sich selber: Als ob wir nur im Außen das Richtige finden, kaufen, konsumieren müssten, um zufrieden zu sein, ruhig, gelassen, womöglich glücklich, jedenfalls aber verlustfrei, nicht schlechter dran als vor der Wahl.

Sind wir aber.

Wir sind schlechter dran als vor der Wahl.

Weil wir wählen, ohne um die Optionsverluste zu trauern. Deswegen müssen wir sie, ewig ungestillt, wiederholen. Wir setzen die Verluste in Gier um, in ständige weitere Kauflust und Konsumlust, statt sie zu betrauern. Das ist die Form des gewalttätigen Umgangs mit sich selber, die das Trauern vermeidet. Egal, wie viel ich rauswerfe und wie up to date mein Kleiderschrank, mein Gewicht und mein Leben sind, und egal auf wie viel ich verzichte oder was ich sonst noch alles unter meine Kontrolle gebracht habe: es gibt Leiden.

Vor meiner amerikanischen Supermarkttheke stehe ich und weiß, dass die Verkäuferin mir Verluste anzubieten hat, die ich betrauern muss, wenn ich meinen ersten amerikanischen Bagel genießen will, der mich nicht in die Bagel-Falle treibt, sondern einfach nur lecker schmeckt mal eben. Apfel-Zimt, denke ich.

Oder doch lieber Vanille? Ich weiß gar nicht, wie Limone-Pista-zie schmeckt, das hab ich eben als Option erfunden, gab's dort, glaube ich, gar nicht. Ich wüsste aber gern, wie der schmeckt, ach …

Und hier ist der Moment:

Verlust hat Vorteile Ich kann nicht wählen, ohne zu trauern, ohne mir einen Moment lang klarzumachen, was ich mir einhandle mit dem Apfel-Zimt-Bagel: Verluste und einen Apfel-Zimt-Bagel. So ein-fach ist das. Gehört zusammen. Eins gibt's nicht ohne das andere. Das ist das Wesen der Option. Ich muss die Trennung von 24 wei-teren Bagels betrauern, den Verlust der Option, den diese Wahl mit sich bringt. Das heißt, ich kann vor dieser Theke stehen und erkennen: bisschen Bagel, bisschen Trauer. Wenn ich das hin-kriege, bin ich nach der Wahl nicht schlechter dran als vor der Wahl. Sondern um eine Berührung reicher mit dem traurigen Herzen der Welt. Und ich brauche keine Gier zu entwickeln. Und keine Hektik, die in mir entsteht, wenn ich fühle, dass ich immer noch nicht habe, was ich wollte, Zufriedenheit nämlich, obwohl ich doch konsumiert habe.

Das Ganze wiederum, wie ich mich so vor der Theke stehen sehe, ist geeignet, mich leise heiter zu stimmen.

»Schneiderei lernen heißt Entscheidungen treffen lernen«, sagt unsere Freundin, die vor vielen Jahren eine Schneiderinnen-lehre gemacht hat, »wenn du schneidest, dann ist der Stoff zer-schnitten, das kannst du nicht mehr rückgängig machen, da trägst du sofort die Konsequenzen deines Handelns. Das wächst auch nicht mehr nach wie beim Haareschneiden! – Beim Schnei-den musst du dich selber dahingehend stärken, dass du die Arbeit zu Ende gedacht hast, sodass du mit gutem Gewissen schneiden kannst. Du musst für dich selber die Kraft entwickeln, mit den Folgen deiner Entscheidungen umzugehen.«

»Aber ich kann meinen Bagel doch genießen«, sagt unsere andere Freundin, »reicht das denn nicht? Mir hilft doch das Wis-sen um den Genuss dieses einen Bagels hier und jetzt, dass ich mich entscheiden kann! Es ist doch nicht nur das Betrauern, was mir entscheiden hilft, sondern auch das Genießen!«

Hier unsere beiden Alternativen zur Verdrängung und zur Bagel-Falle:

Alternative 1: Win-win
Die Matrix der wirtschaftlichen Entscheidungen zwischen Menschen ist bekannt, sie sieht ungefähr so aus:

Win	–	Win
Win	–	Loose
Loose	–	Loose

Bei Entscheidungsprozessen zwischen zwei Partnern oder Gruppen gibt es drei mögliche Kombinationen, manche meinen, vier.

Entweder gewinnen beide, oder es verliert einer, oder es verlieren beide. Die Anhänger der Vier-Kombinationen-Form meinen, es sei entscheidend, *wer* gewinnt, also gibt es in der Win-Loose-Kategorie zwei mögliche Varianten: ich verliere, mein Partner gewinnt, oder: mein Partner verliert, ich gewinne. Wir meinen, für die Form der Kombination ist es nicht wichtig, wer gewinnt oder verliert, denn wenn einer der beiden Handelnden verliert, ist Verlust im Geschäft, und diese Verluste werden sich, strukturlogisch und wetterwendisch, mal auf der einen, mal auf der anderen Seite niederschlagen. Wer den Verlust des Partners als seinen Gewinn ansieht, hat ein Konzept vom Gewinnen, das den Verlust beinhaltet. Wir schlagen ein anderes Konzept vor:

Gewinn ist, wenn ein Prozess zur Ruhe gekommen ist, Verhältnisse ihre – zeitweilige – Stabilität gefunden haben, weil sie für alle Beteiligten – in dieser Phase – *gut genug* sind. Diese Form des Gewinns wird nur in einer Lösungsform, der Win-win-Lösung, erzielt. Die Win-win-Lösung ist vertrauensbildend. Deswegen trägt sie automatisch weitere positive Langzeit-Effekte in sich, die im Moment der Entscheidung häufig noch gar nicht absehbar sind.

Wir schlagen vor, in Wahlsituationen solche Handlungsalternativen zu suchen, bei denen deutlich ist, dass beide Seiten gewinnen.

Die ›ausreichend gute‹ Entscheidung

Eine auf dem platten Land lebende Freundin fand beim
Autokauf die Win-win-Variante:
Sie kaufte einen fast neuen Toyota Yaris beim örtlichen Händler, der ihn auf dem Hof stehen hatte und ihr ca. 20 % Rabatt gab. Fast jeden anderen Neuwagen hätte sie weiter entfernt kaufen müssen/können, mit möglicherweise mehr Rabatt und deutlich längeren Wartezeiten. Sie hätte mehrere zeitaufwendige Fahrten machen müssen, länger suchen müssen und hätte nach dem Kauf ihre Autowerkstatt nicht am Ort gehabt.

So hat sie ihr Geld im Dorf gelassen, hat einen Automechaniker, der sie kennt und sich, aus Neigung, aber auch wegen der sozialen Kontrolle, immer fair verhalten wird, und hat relativ wenig Zeit mit Suchen verbracht. Das Auto entspricht ihren Bedürfnissen. Auf Kleinigkeiten hat sie nicht bestanden. Sie hat jetzt also nicht *genau* das Auto, das sie wollte, und möglicherweise nicht den rechnerisch absolut besten Gegenwert für ihr Geld erhalten. Aber der Deal ist ein Win-win-Geschäft, und das Ergebnis ist für sie *gut genug*.

Gut genug   Der Optionsverlust schmerzt sie wenig, denn sie weiß, sie hat gewonnen und ihr Geschäftspartner am Ort ebenso. Jedes andere Auto hätte sie mehr gekostet: Zeit, Geld und Nerven und ein gutes Gefühl hinsichtlich des Geschäfts. Also ist sie zufrieden, obwohl, vielleicht sogar *weil* sie weiß, dass sie längst nicht alle Auto-Alternativen ausgecheckt hat. Sie hat auf diese Weise mehr Zeit für anderes, und das ist ihr wichtig.

Gut genug.

Zufrieden, weil sie weiß, was *sie* gewonnen hat, und dass bei dem Geschäft *beide* gewonnen haben.

Das Trauern um die Optionsverluste war ihrem Kaufprozess immanent: sie hat es so gewählt. Sie *wollte* gar nicht alle Möglichkeiten checken und kalkulierte ein, dass sie nicht die, für sie allein gerechnet, *absolut* beste Lösung gefunden hat. Sie hat die *relativ* beste Lösung gefunden, für hier und jetzt und für *beide* Seiten. Und sie *wählte*, damit zufrieden zu sein. Sie ist, auch das ist eine Quelle der Befriedigung für sie, nicht in die Bagel-Falle gegangen.

Anders unsere süddeutsche Kollegin: Sie hat mehr als ein halbes Jahr gesucht, unzählige Stunden damit verbracht, hat schließlich nach harten Verhandlungen einen Skoda beim weit entfernten Händler gekauft, der exakt bis aufs i-Tüpfelchen (eine Sonderanfertigung, was die Kombination von Außen-Lackierung und Farbe der Sitzbezüge betrifft) ihren Wünschen entspricht. Da sie sich sehr auf Details konzentriert hat, fallen ihr auch nach dem Kauf noch viele Details auf, die nicht oder doch oder teilweise ihren Wünschen entsprechen. Sie vergleicht nach wie vor ihr Auto mit anderen Autos, ist immer noch sehr mit ihrem Kauf beschäftigt und damit, sich mögliche Optionsverluste auszurechnen. Sie wird mit ihrem Auto nie auch nur annähernd so zufrieden sein wie die Freundin aus Norddeutschland und hat wesentlich mehr Energie in Form von Zeit, Geld und Nerven in den Kauf gesteckt. Ihr Auto wird nie *gut genug* sein, weil es *perfekt sein muss*.

Das ist eine Win-loose-, vielleicht sogar eine Loose-loose-Lösung[5]. Sie hilft, Trauerarbeit zu vermeiden, und hält den Kreislauf von Gewinnen und Verlieren aufrecht. Sie verbraucht Lebenszeit, die für andere Prozesse nicht mehr zur Verfügung steht. Sie hält das Individuum in einem ungeteilten Zustand gefangen: Es kann sich nicht anschauen, was es da tut, denn es hat die Dimension des Betrauerns nicht.

Im Betrauern kann ich mich verdoppeln wie in der Geste der Schrift, ich kann mein Leben, einen Ausschnitt davon, betrachten. Ich nehme eine exzentrische Position ein, eine betrachtende, meditative, reflektierende. Das Betrauern als Modus der Betrachtung gibt meinen Handlungen, meinen Entscheidungen Wärme und Tiefe und letztlich auch Humor.

Win-win ist *gut genug*.

Und was den Genuss betrifft: »I see you shiver with an ---tici -------PATION!«[6]

---

[5] Das kommt auf die Farbe der Sitzbezüge an
[6] Frank N. Furter, Rocky Horror Picture Show

Alternative 2: Wu wei

Wu wei ist ein Konzept aus dem chinesischen Taoismus. Es bedeutet *Handeln durch Nicht-Handeln* und ist in eine jahrtausendealte Weltsicht eingebettet, die älter ist als abendländische Konzepte von Religion, Weltanschauung und philosophischer Lebenskunst. Die Weltsicht des Taoismus kann hier nicht einmal ansatzweise erläutert werden.[7]

Aus einem Grund wird das *wu wei* hier angeführt:

Als Angebot einer gedanklichen Erfrischung, als Option, einen Moment beiseite zu treten und eine andere Blickrichtung zuzulassen. Als alternativer Vorschlag einer Denkweise. Wir sind gewöhnt, Lebenslagen als Probleme zu definieren und sie dann zu adressieren, indem wir *handeln*, und sei es im Denken, Analysieren, Taktiken und Strategien durchspielen etc.

Es kann wie Zitronensorbet sein, sich die für westliche Denkgewohnheiten teilweise paradoxen und widersinnigen Ideen anzuschauen, die der Taoismus bereithält.

Stellen Sie sich vor:

Ein spiegelglatter See. Über diesen See fliegt, dicht am Wasser, ein Kranich.

Sein Flug spiegelt sich im See.

Die Spiegelung ist nicht absichtlich hervorgerufen, niemand ist für sie verantwortlich, niemand hat sie ins Werk gesetzt, kein Handeln ist ursächlich für dieses Phänomen. Es passiert einfach. Absichtslos. *Wu wei.*

Wu wei heißt: wirken durch Nicht-Eingreifen, durch Nicht-Ringen. Wir sind nicht gewöhnt zu denken, dass Wirkungen eintreten, ohne dass wir die Ursachen definieren können. Häufig glauben wir, selbst die Ursache setzen zu müssen für bestimmte von uns gewünschte Wirkungen. Das Problem besteht gelegentlich in der Art, wie wir es definieren, nämlich als eines, das unserem Handeln zugänglich ist.

Wirkungen treten von selbst ein – die Dinge geschehen lassen

---

7 Isabelle Robinet: Geschichte des Taoismus. München, Diedrichs 1995; Shaoping Gan: Die chinesische Philosophie. Darmstadt, Primus Verlag 1997

Wu wei funktioniert ganz anders: Dinge geschehen absichtslos. Das Paradox des Handelns durch Nicht-Handeln besteht in der spontanen Absichtslosigkeit, mit der auf die Dinge des Lebens reagiert wird.

Eine Kollegin, die sich seit über zwanzig Jahren beruflich mit chinesischer Philosophie und Bewegungslehren befasst, hat einen Nachbarn, der gern sein Auto auf dem öffentlichen Parkplatz gegenüber ihrem Haus parkt. Dieses Auto beleidigt aus Gründen, die hier nicht näher anzuführen sind, das ästhetische Empfinden der Kollegin. Gleichzeitig parkt es auf einem öffentlichen Parkplatz, also legal. Was tun? Nicht ringen. Die Kollegin, einer spontanen Eingebung folgend, stellt sich vors Haus auf den Bürgersteig und lächelt das offensive Gefährt des Nachbarn an. Lächelt warm und von Herzen und lächelt, bis es sie auf einmal schüttelt vor Lachen, weil sie sich selber da stehen sieht, vor ihrem Haus, das grässliche Auto des Nachbarn anlächelnd.

Nicht-Ringen

Ein beliebtes Zitat, mit dem die Weisheit des *wu wei – Nicht-Ringen* – häufig illustriert wird, ist die Metapher des Wassers:

»Auf der ganzen Welt gibt es nichts Weicheres und Schwächeres als das Wasser. Und doch in der Art: wie es dem Harten zusetzt, kommt nichts ihm gleich.«[8]

Es geht nicht ums Handeln, auch nicht ums Denken. Es geht um das gelassene Abwarten im absichtslosen Vertrauen darauf, dass die der Situation innewohnende Weisheit sich zeigen wird. Das Tao, die letzte Weisheit, handelt ganz spontan und natürlich, wenn wir es, durch Gelassenheit, zulassen.

Gelassenheit zulassen

In Wahlkonflikten ist *wu wei* eine erfrischende Handlungsoption: nicht handeln, nicht ringen. Ursprünglich im Bedeutungsfeld der Konfliktlösung gedacht, kann es auch gedanklich angewendet werden auf Konflikte, die wir mit uns selber austragen, denn das *wu wei* macht zwei Vorschläge, die wir uns mit Gewinn zu eigen machen können, wenn wir es mit uns selber zu tun haben:

---

[8] Shaoping Gan 1997, S. 83

1. Nicht-Ringen: Mit der Gegenpartei anknüpfen
2. Vordringen durch Zurückziehen: Zugeständnisse machen

Unser Vorschlag besteht also darin, die Weisheit des *wu wei* nach innen zu wenden und von der Bagel-Option erst einmal einen Schritt zurückzutreten, ganz im Sinne des Tao:

»Sobald wir einen Schritt zurücktreten, ist dann sofort genügender Spielraum zu finden, was besagt, dass hinter dem Horizont noch weitere Welten liegen. Durch das Zurückweichen können mehr Entwicklungsmöglichkeiten auftreten. Durch das Zurückweichen stehen uns mehr Lebenskräfte zur Verfügung.«[9]

Dann können wir, sehr gelassen, nicht-ringend, mit der Gegenpartei anknüpfen: das Auto des Nachbarn anlächeln, und, Vordringen durch Zurückziehen, Zugeständnisse machen: Auch du, mein Vanille-Bagel, sollst zu mir kommen.

Auch uns selber können wir Zugeständnisse machen. In der Bagel-Frage, der Autokauffrage und anderen Fragen, die es gut gebrauchen können, nicht durch die Brille der zur Wahl stehenden Optionen, sondern durch die Brille der chinesisch gestützten Gelassenheit gesehen zu werden.

Perspektiven | Die Pointe ist natürlich, dass sich durch das gelassene, absichtsvoll-absichtslose Abwarten noch *weitere Handlungsoptionen* auftun können, mehr Entwicklungsmöglichkeiten, wie Shaoping Gan sagt, Welten hinter dem Horizont.

Da hilft dann nur …

Die Lounge kann sich nicht entscheiden

Heute lag Ärger in der Luft in der Lounge. Das war ungewöhnlich, kamen sie doch sonst zusammen, um zu chillen, als Leben das Leben zu genießen oder einfach abzuhängen und an nichts weiter denken zu müssen. Aber heute, an diesem Freitag im August, war es irgendwie anders. Sie kamen alle irgendwie schlecht gelaunt an. Ihre Menschen waren in der Woche so unzufrieden gewesen. Dies war nicht in Ord-

---

[9] Shaoping Gan 1997, S. 83

nung und das nicht. Lags am Wetter? Vermutlich nicht, aber trotzdem war irgendetwas nicht in Ordnung. Der Sommer war da mit 28 Grad im Schatten – man hätte zufrieden sein können. Die Straßencafés geöffnet, überall Musik und Lachen. Das Leben pur, könnte man sagen. Und doch dieser Ärger. Warum nur?

Dann kamen sie drauf. Es gab Entscheidungsschwierigkeiten die Woche. Der Sommerurlaub hatte begonnen. Was galt es, in den Koffer zu packen? Wenn das Hemd, dann geht diese Hose nicht. Wenn aber das Wetter, dann wäre doch gerade diese Hose wichtig. Und dann das Gewohnte, immer dieses Buch dabeizuhaben, und wenn der Fall einträte, bräuchte man doch das. Wie bloß entscheiden? Reduktionistisch; nur ein Hemd und eine Hose und das, was man anhatte? Und dann immer waschen? Oder viele Garnituren, dafür aber viel Gepäck schleppen und evtl. noch draufzahlen am Flughafen, weil der Koffer zu schwer ist? Immer mehr Unzufriedenheit, so berichtete Heinz, entstand bei seinem Menschen. Dabei fand er die Sache ganz einfach. Man nimmt eine Hose und vielleicht zwei Hemden, hält aus, dass man sich von seinen weiteren Lieblingshemden für den Urlaub verabschieden muss, und vertraut darauf, dass man 1. damit klarkommt und 2. im Urlaub sowieso alles anders ist als zu Hause und 3. man vielleicht im Urlaub noch ein superschönes Hemd findet, das dann aber noch ins Gepäck passt.

Oder wohin überhaupt in Urlaub fahren, so fragt sich Jonis Mensch. Last Minute, um sich irgendwie nicht entscheiden zu müssen? Oder dahin, wo es noch wärmer ist und man womöglich Wellness kriegen kann? Und hatte nicht die Nachbarin gerade erzählt, wie schön es doch in Ladakh sei? Ach, ach, ach – wie bloß entscheiden. Der Mensch von Joni kommt richtig unter Druck. Und dann passiert das Wunderbare. Er geht schlafen – der Druck lässt nach, und er tut nichts mehr – und er träumt. Er träumt, dass er über grüne Wiesen wandert und über ein Hochmoor, mit Blick auf einen smaragdgrünen See. Und beim Aufwachen wird ihm klar, er wird nach Irland fahren. Klar, da wird er die Erfahrungen der Nachbarin nicht machen. Vielleicht gibt es da auch keine Massagen, was schade wäre, wo er doch die Sinnlichkeit so liebt. Ein wenig traurig wird er bei dem Gedanken. Aber dann traut er sich und bucht Irland. Joni findet das gut. Da hört nämlich auch das angestrengte Denken ihres Menschen auf, und er entspannt sich, wird ganz weich in seiner Trauer und seiner Vorfreude.

Prisoners Mensch hat da ganz andere Probleme. Er denkt, er kann keine Option wahrnehmen, weil er die Gefühle und Wünsche der anderen erahnen und berücksichtigen muss. Erst sollen sie glücklich werden, dann kann er auch frei entscheiden. Nur fragt sich, wie er rauskriegen will, was die anderen Menschen glücklich macht. Und wie er überhaupt dazu kommt zu denken, er wäre so mächtig, dass er das immer tun könnte, andere glücklich zu machen. Und es fragt sich auch, wo er dabei bleibt. Wenn er sich eben nicht die Freiheit nimmt, für sich zu gucken, was er braucht, wird er immer wie ein Fähnchen im Wind sein. Ist ja auch ein Leben. Nur findet das das Leben von Prisoner nicht, denn ihm ist schon ganz schwindelig vom Sich-immer-nach-dem-Wind-Drehen.

Kurts Mensch bleibt ja lieber sitzen, statt sich zu entscheiden. Er denkt, wenn er auf der Schwelle bleibt, entscheidet er sich nicht. Dabei ist es ja gar nicht so, denn auch dies ist eine Entscheidung, auch wenn es erst mal nicht so aussieht. Sie ist oft nicht so befriedigend, und Kurts Mensch wird schlecht gelaunt und unglücklich. Und da diese Gefühle schwer auszuhalten sind, ärgert er sich lieber über alles, was er so hört und sieht. Er weiß, wie die anderen handeln sollten. Nur er bleibt sitzen, weil das Sofa so warm und sicher ist. Diese Sicherheit, nur weiß er das nicht, will er nicht aufgeben. Wer weiß, wie kalt es da draußen ist, scheint er sich zu fragen. Und Kurts Leben wird schon fast selber unglücklich und leidet, weil es doch weiß, das das Leben auch nach der Entscheidung weitergeht und sich immer wieder neue Türen auftun. Manche mit schwierigen Situationen, manche mit glücklichen Momenten, manche mit Trauer und manche mit Liebe. Kurts Leben weiß, dass es gilt, Gleichmut zu bewahren, und in diesem Gleichmut nimmt der Ärger ab, Freude entsteht und die Chance, sich dem Leben hinzuwenden und vom Sofa aufzustehen. Klar ist es unsicher. Aber sicher nicht so langweilig und scheinbar ausweglos, wie sich nicht zu entscheiden.

Sprinters Mensch hingegen macht es ganz anders. Nicht dass es ihn unbedingt zufrieden macht, oft ist er ärgerlich, wenn er wieder mal im Stau steht, weil er auf dem Weg zu einem weiteren Event ist, zu dem man unbedingt hinmuss, weil man sonst was verpasst. Die Angst, etwas zu verpassen oder nicht zu haben, was andere meinen, was wichtig ist, um dazuzugehören (das neue Auto, den wichtigen Film gesehen zu haben, auf dem Konzert, der Veranstaltung gewesen zu sein, die Nase vorn zu haben am Arbeitsplatz, das moderne Outfit ...), treibt Sprinter immer wieder zu neuen Höchstleistungen. Leider macht ihn der Konsum nicht wirklich zufrieden. Er konsumiert um des Konsumierens willen, er definiert seine Identität durch den Konsum, aber da er sich nicht kennt, wählt er nicht, was er wirklich für sich braucht, um zufrieden sein zu können. Klar, es ist vielleicht nicht so einfach zu sagen, ich fahre noch das alte Automodell, oder den Kongress habe ich nicht besucht, oder die Behandlung habe ich nicht ausprobiert. Das kann Angst auslösen, nicht mehr dazuzugehören, getrennt zu sein von den anderen, die dies alles taten und hatten und es scheinbar richtig machten. Es könnte Trauer dabei sein, seine Erlebnisse nicht mit anderen teilen zu können. Oder er könnte mit offenem Herzen (oder auch Mitgefühl) den andern zuhören und ihr Erleben teilen und damit sich mit ihnen verbinden. Und er könnte spüren, dass das Auf-sich-zurück-geworfen-Werden in der Hinsicht wunderbar ist, weil er sich begegnet, wie er ist. Und das bliebe ihm.

Love und Elm sitzen heute nur dabei und hören zu. Ihre Menschen treffen einfach Entscheidungen in dem Wissen, dass sie, auch wenn sie mal eine falsche Entscheidung treffen, immer wieder frei sind, sich neu zu entscheiden, und dass sie es auch aushalten, nicht perfekt zu sein.

Kraftquelle 7
Sich aktualisieren

Der Begriff stammt aus der Virtualität: bei E-Bay muss ich den Stand meiner Informationen aktualisieren, um zu erfahren, ob mein Gebot noch das höchste ist oder nicht. Wenn ich nicht aktualisiere, bleibe ich hinter den Ereignissen zurück und hänge auf einem Stand, der einfach nicht mehr aktuell ist: ich bin dann, ebaywise gesprochen, nicht mehr »on«, nicht mehr im Hier und Jetzt der Versteigerung. Ich mag denken, dass ich doch hier und jetzt real an meinem Schreibtisch sitze und auf einen Bildschirm starre, aber auf der virtuellen Auktion habe ich nichts mehr zu melden.

Im Gestern hängen geblieben? Wenn ich gar nicht merke, dass ich nicht aktualisiert habe, dann bin ich draußen, ohne ein Zeichen, ohne Warnung. Die Konsequenzen trage ich auch, wenn ich von nichts weiß.

Und so kann es gehen:

Jahrelang war alles in Ordnung, es ist nicht viel wirklich Neues passiert, die Beziehung, der Job, die Gesundheit, die Familie, FreundInnen, alles im grünen Bereich.

Und dann kommt alles auf einmal:

Arbeitsplatz weg, neue Stelle nur in einer anderen Stadt, die Gesundheit bricht zusammen.

Oder: Die alten Eltern sterben, und plötzlich ist die eigene Ehe, die Liebesbeziehung überhaupt nicht mehr, was sie einmal war.

Oder: Der harmlose Check-up bei der Frauenärztin endet mit einer erschreckenden Diagnose.

Oder: Kind verlässt endgültig das Haus, und plötzlich sind da die Angstanfälle/die Migräneattacken/der Putzzwang.

Oder: Zu Hause alles in Ordnung, und die Partnerin hat ein

Blitzschlag getroffen, sie hat sich unwiderstehlich verliebt, nur nicht in mich.

Oder anders:

Schleichend. Langsam. Unmerklich. Was früher Spaß gemacht hat, ist auch nicht mehr das Wahre. Mehr Zeit allein. Mehr schlafen. Weniger Termine, bitte. Keine Lust auf Neues. Alte Freundinnen anrufen? Bitte nicht. Die Arbeit fällt schwerer, die Klienten/PatientInnen/SchülerInnen/Betreuten/KollegInnen nerven nur noch. Das Gewicht nimmt deutlich zu oder deutlich ab. Die Farbe weicht langsam aus dem Leben. Alles ist irgendwie grauer als früher. Burnout droht.

Lebenssituationen, in denen aktualisiert werden muss, sind alle Übergänge und Schwellen, alle Statuspassagen:

- Grundlegende Lebensereignisse wie Geburt und Tod;
- Personenstandsveränderungen, z. B. Heirat, Scheidung;
- Veränderungen im Arbeitsverhältnis, insbesondere Arbeitsplatzwechsel und -verlust oder -neuerwerb;
- Gesundheitliche Veränderungen im Lebenszyklus (z. B. Menarche, Menopause) oder Diagnosen von ernsten oder chronischen Erkrankungen;
- Plötzlich eintretende Veränderungen wie z. B. Unfälle, Anfälle, Verbrechen und Gewaltakte;
- Lebensabschnittsveränderung wie z. B. Schuleintritt des Kindes, Großmutter werden, Umzug, Prüfungen, Trennung, das letzte Kind verlässt das Haus …

Beispiel: 40 werden
Als ich vierzig wurde, war ich on top of my life. Alles war wunderbar, ich war (oder fühlte mich jedenfalls) jung, schön, glücklich und energetisch wie lange nicht.

Meine Kollegin feierte nicht, sondern verkroch sich und zog die negativste Bilanz ihres Lebens: Mann weg, keine Kinder, schlechte berufliche Aussichten, Doktorarbeit lag auf Eis, das Leben verfehlt.

Das ist die Lebenserfahrung: ein und dasselbe Ereignis ist für die einen erfreulich und beglückend, macht anderen schwer zu schaffen und lässt wieder andere relativ unbeeindruckt bleiben.

Entscheidend bei diesen Schwellen und Übergängen ist nicht ihre »objektive« Schwere, sondern die subjektive Empfindung.

Es spielt auch keine Rolle, ob wir von diesen Ereignissen selbst betroffen sind oder ob sie uns nahestehende oder sogar ferner stehende Menschen betreffen. Wann immer wir uns selbst besonders berührt finden von einem Übergang, einem Schwellenereignis, ist dies eine Aufforderung an uns, unser Leben zu aktualisieren.

Auch weit zurückliegende, nicht aktualisierte Veränderungen im eigenen Leben können uns im Hier und Jetzt beeinflussen und bedürfen dann der nachträglichen Aktualisierung.

Deswegen ist das Aktualisieren eine so wichtige Ressource:

Es bringt uns auf den heutigen Stand, es bringt uns ins Hier und Jetzt, es entmythologisiert unser Leben und ermöglicht uns, von dem auszugehen und mit dem zu arbeiten, was *ist*.

Aktualisieren bewirkt, dass wir erkennen, was wir im Hier und Jetzt brauchen, um unser Leben zu leben.

Beispiel: Der eigene Name

Frauen und ihr eigener Name, eine lange, von Feministinnen gründlich recherchierte Geschichte. Es fängt mit dem Familiennamen an, der oft genug der Name des Vaters ist, und dessen Vaters, usw.

Mit dem Namen verbinden sich Zugehörigkeit, Erbrechte, Stigma, Clanstrukturen, Gesichtswahrung, Glanz und Schande.

Mutterrechtlich, vaterrechtlich: Erbrechte in der weiblichen Linie oder nicht. Matrilinear, patrilinear: Namensvergabe in der weiblichen oder in der männlichen Linie. Matrilokal, patrilokal: Wohnung in der weiblichen Linie, d. h. der Mann zieht zur Frau und ist Mitglied des Clans der Frau oder umgekehrt.

Fast alle Frauen der westlichen Welt tragen einen Männernamen als Familiennamen, entweder den Namen ihres Vaters oder den ihres Ehemannes, daran haben auch die verschiedenen

Reformen der Ehenamensgesetzgebungen nichts geändert. Kinder tragen am häufigsten den Familiennamen, der der Name des Vaters ist.

Aber auch der Vorname: ist es der eigene Name? Wer hat ihn ausgesucht, mit welchen Motiven? Ein christlicher Name? Der Name eines verstorbenen Familienmitglieds? Ist der Vorname der erstgeborenen Tochter der Name der Großmutter väterlicherseits?

Manche Frauen änderten in den Achtziger- und Neunzigerjahren ihren Vornamen, weil es der von den Eltern ausgesuchte Name war, eben nicht der eigene. Religiöse und spirituelle Motive spielten eine Rolle, ausschlaggebend war aber der Prozess der Identitätsfindung, der sich eben im Namen spiegelt und der auf dem Terrain der Identifikation nach außen, die durch den Namen bezeichnet wird, ausgetragen wird.

Wenn ich mich aktualisiere, dann sehe ich, WAS WIRKLICH IM HIER UND JETZT IST.

Der eigene Name — Übung

Wer bin ich, wie will ich angesehen werden, genannt werden?
Wie will ich in welcher Situation angesprochen werden?
Per Du?
Per Sie?
Welcher Name steht auf meinem Ladenschild, meinem Klingelschild, meiner Kreditkarte, meinem Briefkopf, meiner E-Mail-Adresse, meiner Tischreservierung und dem Titel meines Buchs?
Wie reden meine KollegInnen, die Nachbarn, die LehrerInnen meines Kindes mich an?
Meine Geschäftspartner?
Meine Sekretärin?
Sind Menschen bereit, sich um die korrekte Aussprache meines Namens zu bemühen?
Ist mein Name in bestimmten Zusammenhängen ein Nachteil, ein Stigma?
Wird mein Doktortitel, mein Adelstitel genannt?

Möchte ich das?

Welcher Name weckt mich nachts aus dem Tiefschlaf?

Entspricht mein Name, der nach außen bekannt ist, meinem Selbstbild, oder ist die Diskrepanz so groß, dass ich etwas ändern möchte? Was mache ich mit meinem Namen, unter meinem Namen und was macht mein Name mit mir?

Namens-Geschichten, oder: Warum ist
der eigene Name so wichtig?

Eine Bekannte hat sich vor langer Zeit von ihrem Mann scheiden lassen, der sie betrog. Sie wechselte mit zwei kleinen Kindern die Stadt und den Modus des Lebens. Sie hat in der Scheidung hart gepokert, was damals in ihren Kreisen durchaus unüblich war, hat viel Geld erhalten, sich ein Haus gekauft und nach der Scheidung den Namen des Mannes behalten, denn damals wäre die Rückkehr zu ihrem Geburtsnamen nach der geltenden Gesetzgebung die Übernahme eines komplett neuen Namens gewesen und entsprechend unüblich, umständlich und teuer, und außerdem trugen die Kinder, die ihr zugesprochen wurden, den Namen des nunmehr geschiedenen Mannes. Die absehbaren Schwierigkeiten, meinte sie damals, könnte sie sich ersparen.

Heute lebt sie, in gewisser Weise komfortabel und in style, aber auch am Existenzminimum. Sie kommt grade so durch, auf gehobenem Niveau, wie das so ist, wenn man zwar im eigenen schicken Haus lebt, sich aber keine neuen Kostüme kaufen kann und die Urlaubsreise von der Erbtante finanzieren lassen muss.

Ein Coaching-Gespräch mit ihr, die eine weithin konkurrenzlose und sehr gesuchte Dienstleistung anzubieten hat, zeigte, dass sie in Wirklichkeit große Mühe aufwendet, um trotz ihrer guten Chancen auf einem Minimalverdienst zu bleiben. Sie bleibt auf dem Stand des Grade-so-Durchkommens, mit Opfern an Selbstachtung und Lebensfreude. Die Situation ruft nach einer Aktualisierung – unter dem eigenen Namen.

Eine Freundin hat fünf Jahre nach der Rechtskräftigkeit ihrer Scheidung und zehn Jahre nach der Trennung ihren Doppel-Namen geändert und ihren Geburtsnamen, der der Name ihres Vaters ist, wieder als alleinigen Namen angenommen. Ein Akt, der sie zehn Jahre gekostet hat. Die Standesbeamtin gratulierte zur Übernahme des eigenen Namens und meinte, die meisten Frauen, die dies täten, gingen einen Zentimeter größer aus dem Amt, als sie hereingekommen wären. – In der Nacht danach hatte die Freundin Albträume vom Unbehaustsein, keine eigene Wohnung mehr zu haben, auf andere Menschen angewiesen zu sein, so intensiv, dass sie beim Aufwachen nicht wusste, wo sie war, und ihr Zimmer mühsam identifizieren musste. Diese Träume stehen in krassem Gegensatz zu ihrem Leben im Hier und Jetzt, in dem sie sich erfolgreich selbstständig gemacht hat und in dem sie ohnehin seit Langem unter ihrem Geburtsnamen auftritt und handelt. Ganz im Gegensatz dazu stand ihr Gefühl in den Träumen: Sie fühlte, sie habe den Schutz des Namens und damit den Schutz des Clans verloren. Der Name ihres Mannes, als Eintrittskarte und Statusausweis, stand ihr nicht mehr zur Verfügung. Sie musste jetzt aus eigener Kraft, ohne Schutz und Status und ohne die Verbindungen, die der Name herstellte, aus-kommen, und da war sie, in ihrem Gefühl, schutzlos im Wind auf der Kliffkante. Der Name ihres Mannes war für sie der Schutz-zauber gegen das »Bag-lady-Syndrom«, wie eine andere Freun-din es nannte: Der Glaube, dass wir, wenn wir nicht aufpassen, arm und stigmatisiert unter der Brücke landen.

Der Name ist auch Schutz

Auf der Tagung der Therapeuten war auch die Kollegin mit dem vielsilbigen griechischen Nachnamen. Sie wurde in der Tagungs-eröffnung namentlich vorgestellt, weil sie eines der Eröffnungs-referate halten sollte. Der Tagungsleiter bat zunächst um Ent-schuldigung, dass er ihren Namen nicht aussprechen könne, sprach ihn dann stotternd falsch aus und bat dann die anwe-sende Kollegin, ihm zu bestätigen, dass es so auch genüge. Die-ser riesige Aufwand der ›Alienation‹, der tagungsöffentlichen Be-Fremdung einer Kollegin, schien ihm offensichtlich angemes-

sener als der Aufwand, vor der Veranstaltung zur Kollegin zu gehen, sich ihren Namen vorsagen zu lassen und die korrekte Aussprache zu üben.

Harmlose Nachlässigkeit, eine Frage der Höflichkeit, eine Verletzung? Der Name ist wichtig, am Namen hängt die Identität, und so wird er, der Name, auch behandelt. Die Behandlung des Namens ist ein Anzeiger für Zugehörigkeit, für Mitgliedschaft.

Der Name, der Titel ist

- Zugehörigkeitsausweis
- Statuszuweisung
- Mitgliedschaftskarte
- Zugangsberechtigung
- Mobilitätsprovider
- Schutzzauber
- Energiezugang
- Kraftquelle
- …

Übung

Sehen Sie sich den eigenen Namen, Vor- und Nachnamen, an:

Gefällt Ihnen der Klang?

Woher kommt der Name?

Welche Geschichte können Sie dazu erzählen?

Mögen Sie Ihren Namen?

Wie hätten Sie sich genannt?

Wissen Sie, was Ihr Name bedeutet?

Trifft die Bedeutung auf Sie zu?

Wurden Sie nach einem anderen Familienmitglied benannt? Warum?

Hat sich Ihr Name im Lauf Ihres Lebens geändert? Wie oft? Warum?

Tragen Ihre Kinder Ihren Nachnamen? Wenn nein, warum nicht?

Das eigene Leben führen: Lebenskunst in der Aktualisierung

Den Kontroll-
verlust wagen

Lebenskunst in der Aktualisierung heißt auch: sich einrichten im Unbequemen, im Unvertrauten. Sich entspannen in der Bodenlosigkeit. Kontrolle aufgeben. Die Dinge kontrollieren zu können ist vermutlich sowieso eine Illusion. Go with the flow – alter Gestaltgrundsatz. Ich nenne es *kontra-intuitiv*. Damit meine ich ein Verhalten oder ein Gefühlserleben, das meinen Intuitionen darüber, was gut und passend ist, widerspricht, das ich aber bewusst und absichtlich übe, weil ich erkannt habe, dass es besser, gesünder, wohltuender für mich ist. Das Gefühl ist ein bisschen wie in der Phase des ersten Nichtrauchens. Tausend Momente, in denen man zum alten Verhalten zurückkehren möchte, in denen alles danach schreit, sich eine anzuzünden, und man tut es nicht. *Kontra-intuitiv*.

Eine Klientin erzählt:

Der Schritt ins
Unvertraute

»In den ersten zehn Tagen in meinem Häuschen am Rand eines kleinen Inseldorfes an der Marsch hatte ich kein Festnetz, keinen Internet-Zugang, keinen Fernseher und ein sehr unsicheres und oft ausfallendes Handy-Netz. Außerdem hatte ich noch keinen Führerschein, hatte also kein Auto zur Verfügung und war auf ein äußerst spärliches öffentliches Bussystem oder teure Taxen angewiesen. Eine Situation, die ich früher als völlig albtraumhaft erfahren hätte und die mich auch in dieser Phase meines Lebens, in der ich sie gewollt und hergestellt hatte, einige Arbeit kostete, um mich darin zu entspannen.

Sich einrichten im Unvertrauten: Ich fuhr mit dem Fahrrad bei Wind und Wetter kilometerweit über einsame Sträßchen in der Marsch in Richtung Inselhauptstadt. Morgens, mittags und abends, ein Weg etwa zwölf Kilometer, was auf einer Nordseeinsel bei Gegenwind durchaus eine Stunde Fahrzeit bedeuten kann. Mit Rückenwind und ohne schweres Gepäck die Hälfte. Ich bekam schlanke Knie, einen bronzefarbenen Teint und eine kräftige Singstimme.«

Sich einrichten im Unvertrauten heißt, die eigenen Gefühle wohlwollend und freundlich beobachten, feststellen: Hier fühle ich mich unbehaust, Verzweiflung naht, Angst kommt, Scham oder Wut setzt ein, Fluchtimpulse steigen hoch, der Wunsch, sich zu verstecken, taucht auf. Bodenlosigkeit in jeder unvertrauten alltäglichen Handbewegung, in der Suche nach dem Lichtschalter, nach dem Salz, nach der vertrauten Kaffeetasse.

Eine befreundete Psychotherapeutin nannte es »the gap«, den Zwischenraum, den wir besiedeln, nachdem wir das Vertraute, Sichere, Festgefügte verlassen haben. Wir denken häufig, das sei vorübergehend, bis sich neue Sicherheiten gebildet hätten. Die Therapeutin weiß, es ist ein dauerhafter, der einzige Zustand. Wir sind im Gap zwischen Leben und Tod, eigentlich zwischen Tod und Tod.

Im Gap schöpferisch tätig zu sein ist eine Ressource. Der Schöpfungsakt, sei es ein Buch, ein Chutney, eine Vision, ein Bild, ein Rosenbeet, ein Apfelkuchen, ein Musikstück: im Schöpfungsakt kommen wir in Kontakt zu unserem göttlichen Selbst, dem Diamant in uns, der auch durch Staub nur verhüllt werden kann, aber unzerstörbar ist.

»Tiger von oben – Tiger von unten«: Entspannen in der Bodenlosigkeit

»Wenn alles zusammenbricht« ist der Titel eines buddhistischen Ratgebers von Pema Chödrön, einer kanadischen Nonne und Klosterleiterin. Ihr Thema ist die Anerkennung der Bodenlosigkeit der gesamten menschlichen Unternehmungen, die Anerkennung des Leidens, das aus dem Festhalten am Nichtigen entsteht, und die Anerkennung der zärtlichen Selbstliebe, mittels derer wir uns in der Bodenlosigkeit unserer Existenz entspannen können, obwohl es so ist, als ob wir in einem Boot säßen, das bereits beim Verlassen des Hafens mit Wasser vollläuft.

Sicherheit ist nicht zu haben

Die Geschichte *Tiger von oben – Tiger von unten* wurde bereits in der Einleitung zitiert:

Eine Frau, auf der Flucht vor zwei Tigern, entdeckt eine Schlucht, in die sie sich mithilfe einer Liane hinunterlässt. Plötzlich sieht sie auch unter sich zwei Tiger. Dann erkennt sie, dass an ihrer Liane eine Maus nagt. Und neben sich auf einem Felsvorsprung sieht sie Erdbeeren wachsen. Sie ergreift eine Erdbeere und steckt sie sich in den Mund.

The end.

Diese Geschichte scheint mir typisch für mehrere Geschichten dieser Art, die ich in buddhistischen Büchern für ein westliches Publikum gefunden habe. Vor allem das Ende widerspricht unseren Erwartungen an die Auflösung und das Happy End, die eine Geschichte häufig ausmachen.

Eine Klientin erzählt:

»Diese Haltung kann Druck und Spannung rausnehmen. Ob es nun Segen ist oder Fluch (eine meiner Lieblingsgeschichten), Tatsache ist, ich habe z. B. meine Lederjacke in Bremen gelassen und stehe in Prag ohne Jacke da, ich sitze im falschen Zug, der Maler hat die Küche nicht zu Ende gestrichen … Gleichmut entwickeln, nicht Gleichgültigkeit. Entscheidungsfreiheit. Renne ich schreiend vor den Tigern weg oder genieße ich die Erdbeere des Momentes. Gleichmut macht humorvoll, finde ich. Und entspannt total. Eine nimmt sich selbst nicht mehr so ernst. Ist auch hilfreich, denke ich. Und ist dadurch offen für vielleicht schönere Dinge, Entwicklungen, Reifungsschritte, die kommen.«

In der Lounge tun sie so als ob

Ein neues Leben kam in die Lounge. Es hieß Miriam. Sein Mensch war nach langer, schwieriger Krankheit genesen. Miriam sah gut aus, fand Love, konnte sich gut in ihrem Körper bewegen, der ihren Menschen doch einige Zeit so im Stich gelassen hatte, und war ganz lustig und kreativ. Vor allen Dingen wollte sie alles jetzt. Ihr Mensch hatte erfahren, dass das Leben keine Generalprobe ist und sich nicht wirklich aufschieben lässt. So hatte er gelernt, so gut es ging, alle Dinge jetzt zu tun. Und nur wenig aufzuschieben. Und kreativer, lustvoller zu sein. Weil das Leben *jetzt* ist, so erzählt Miriam. Eigentlich wussten das die Leben, dass sie nur jetzt mit diesem speziellen Menschen zusammenlebten. Nur die Menschen schienen es oft nicht so zu wissen, dass sie nur dieses Leben zu dieser Zeit hatten. Oft taten sie so, als seien sie unsterblich und als hätte jede Entscheidung eigentlich keine Konsequenz, da man ja noch Tausende von Jahren leben konnte. Den Leben war klar, dass sie die vergänglichen Körper ihrer Menschen eines Tages verlassen würden. Da galt es doch mehr denn je, fanden sie, dass die Menschen den Tag genossen und nutzten. Und sei es, in der Sonne zu liegen und ihr Leben zu genießen.

Miriam brachte gleich eine Idee mit in die Lounge. Alle Leben sollten darüber nachdenken und dann darstellen, wie ihre Menschen wären, wenn sie ihre Probleme schon gelöst hätten. Sie sollten so tun, als ob der neue Zustand schon da wäre. Die Rolle einnehmen wie bei einem Theaterstück. Klar gab es einige, die ein wenig schüchtern waren, aber versuchen wollten sie es alle. Weil es einfach Spaß machen würde, dachten sie sich. Und den wollten sie nicht auslassen.

Es wurde ausgelost, wer anfängt. Alle schrieben die Namen auf einen Zettel, die in eine Schale geworfen wurden, und Miriam zog sie dann nacheinander heraus. Anfangen mit dem *so tun, als ob alles so wäre, wie es sein sollte* durfte Joni. Einfach so tun, als ob ihr Mensch emotional satt geworden wäre bei der Begegnung mit einem anderen Menschen und dies auch gut verdauen kann. Joni stand erst etwas unschlüssig herum, wie sie das wohl spielen sollte. Dann ging ein Lächeln über ihr Gesicht, sie entspannte sich sichtlich. Sie setzte sich hin, auf eine Art auf sich bezogen, nicht darauf aus, danach zu sehen, wo das nächste erotische Abenteuer herkäme. Sie spürte sich selbst, ihre Haut, ihren Körper. Sie hielt die Hand auf dem Bauch, spürte die Wärme, teilte sie den anderen mit. Sie würde sich wohl mit sich fühlen, wenn sie so täte, als wäre ihr Mensch bei der letzten Begegnung befriedigt weggegangen, um dem nachzuspüren und es zu genießen und letztendlich zu verdauen. Eine Begegnung, die nährend war. Und diese Form des Nährens muss der Mensch von Joni sich ja erst mal erlauben anzunehmen. Aber Joni will darauf achten, dass ihr Mensch das demnächst mal mehr tut. Einfach dasitzen und nachspüren und verdauen. So tun, als ob die Begegnung, vielleicht auch die mit sich selbst, satt gemacht hätte. Alle klatschten Beifall.

Dann war Kurt dran, dessen Mensch so gar nicht in Bewegung kommen will. Das Leben saß einige Zeit da, um sich zu überlegen, wie es seinen Menschen darstellen sollte. Einfach nur dasitzen war einfach. Aber was würde passieren, wenn Kurt aufstehen und, auch emotional, in Bewegung kommen würde? Was könnte da alles passieren. Vermutlich würde er spüren, was er alles an Gefühlen hatte. Freude, Trauer, Wut, Schmerz, Liebe und vieles mehr. Für Kurt, da waren sich alle einig, wäre die Bewegung eine Bewegung hin zu seinen Gefühlen, die, wenn er sitzen bliebe, nicht gefühlt werden müssten. So tun, als ob man alle Gefühle fühlen könnte und auch alles aushalten könnte, mit allen umgehen könnte. Das würde passieren, würde Kurt sich aktualisieren.

Und was wäre mit Sprinters Mensch? Am liebsten würde der, so meinte sein Leben, gerade jetzt schnell mal rausrennen aus der Lounge. Jetzt, wo Nähe entstehen würde und man ihn mit offenen Herzen betrachten würde. Aber Sprinter soll ja auch so tun, als ob dieses Problem für seinen Menschen gelöst wäre. Er sucht sich einen anderen aus der Runde, der bereit ist mitzumachen. Es ist Elm. Er geht auf Elm zu, stockt, will am liebsten, wo es jetzt so nah wird, schnell wieder weg, aber traut sich, weiterzugehen. Geht ganz nah ran. Merkt, dass das aber auch nicht stimmt, geht wieder weg, bis er einen nahen Abstand zu Elm gefunden hat, den er gut findet und der sich für ihn gut anfühlt. Es ist ein Pendeln, so stellt Sprinter fest. Ein Pendeln zwischen Nähe und Distanz. Distanz ist erst mal scheinbare Sicherheit, aber die Wärme der Nähe geht dann verloren. Zu viel Nähe lässt den anderen nicht mehr erkennen, was sich auch nicht gut anfühlt, berichtet Sprinter, weil das auf eine Art auch einsam macht, weil das Gegenüber auf eine Art verschwindet. Kann sein, dass sich die Distanz auch mal ändert, von Tag zu Tag, je nach eigener Stimmungslage, meint Sprinter. Aber die Nähe, die ein rechtes Maß hat, würde sich gut anfühlen. Und die Gelegenheit, Distanz herzustellen, ist ja auch immer da. Aber das wollte er ja nicht mehr bevorzugt üben. Das konnte Sprinters Mensch ja. Er würde jetzt dafür sorgen, so als würde sein Mensch jetzt Nähe nicht nur aushalten, sondern genießen. So tun als ob. Das klang lustig und einfach.

Nachdem alle einmal mitgespielt hatten, nahmen sie sich vor, ihre Menschen anzuregen, so zu tun, als ob alle sie alle so lebten, wie sie es wünschten. Sie würden wohl nächstes Mal davon berichten, wie es sich angefühlt hätte. Irgendwie klang es wie der Schlüssel zu neuem Lebensgefühl für ihre Menschen, meinten die Leben. Wie schön!

Miriam jedenfalls war zufrieden mit diesem Abend. Sie hatte viel

Spaß gehabt. Und womöglich würde sich Leid bei den Menschen mit dieser Methode verringern. Auch nicht schlecht, dachte sie. Und bestellt sich zum Chillen ihren Lieblingsdrink: Coconut kiss. So fruchtig und süß und schön, mit einem Hauch von bitterem Geschmack wie das Leben selbst.

Kraftquelle 8
Den Blickwinkel ändern

Eine Klientin erzählt:

»Der Hirntumor war das Beste, was mir passieren konnte. Seit der vor zwanzig Jahren bei mir diagnostiziert wurde, hat mein Leben eine solch positive Wendung genommen: Ohne den Tumor wäre ich eine Bridge spielende, verzweifelte und einsame Hausfrau aus der oberen Mittelschicht, Ehefrau und Mutter geblieben. So hab ich mich scheiden lassen und wurde selbstständig, weil ich ganz allein zu den Operationen fahren und dafür sorgen musste, dass meine Kinder versorgt waren. Ich lernte Tai Chi und Akupunktur, frischte mein Studium auf und wurde Ärztin mit Ausrichtung auf traditionelle chinesische Medizin, als andere noch glaubten, dass das alles Hokuspokus wäre. Heute bin ich eine der Erfahrensten auf diesem Gebiet. Ich habe mit diesen Mitteln auch gelernt, gut für mich zu sorgen, und bin jetzt, im Alter, gesund und beweglich. Der Tumor ist nicht wiedergekehrt.«

Neues lernen

Den Blickwinkel ändern heißt, es, wenn auch nur hypothetisch, jederzeit für möglich zu halten, dass alles ganz anders ist, als wir üblicherweise darüber denken:

Der Tumor ein Glücksfall
Die Trennung ein Segen
Das Scheitern die beste Chance
Der vergessene Termin die beste Gelegenheit
Der Zusammenbruch ein Neu-Sortieren
Der Tod ein Anfang

Manchmal, in der akuten Situation, erscheint es fast zynisch, ärgerlich, ungerecht oder gefühllos, den Vorschlag der Perspektivänderung zu bedenken. Das ist ein gutes Zeichen, dass die

Situation genau diese Perspektivänderung brauchen könnte. Je mehr es Sie aufregt, die Sache ganz anders zu sehen, desto gewinnbringender kann es sein.

Eine Klientin erzählt:

Neue Sichtweise »Ich fuhr mit dem Rad, wo mir ja immer die besten Ideen kommen und ich meiner inneren Stimme am besten zuhören kann. Und plötzlich kam mir der Gedanke: Was wäre, wenn diese Trennung, die gegen deinen Willen war und unter der du so sehr leidest, das Beste wäre, was dir passieren konnte? Und ich hab die Sache weiter durchdacht: Was ist gerade alles los in meinem Leben, wie lebe ich, was finde ich gut, was macht mir Spaß, wo habe ich das Gefühl, dass gute Entwicklungen passieren … ich habe so richtig, Juristin, die ich bin, einen Fall zusammengestellt und dafür argumentiert, dass dies nun das Beste wäre, was hätte passieren können, so als müsste ich eine Richterbank überzeugen. Es hat mich sehr amüsiert und auch erleichtert, so zu denken. Die Perspektive ist auf einmal weiter geworden, das hat mir gutgetan.«

Ein Klient erzählt:

»Als ich mit Verdacht auf Multiple Sklerose im Krankenhaus lag, war das Einzige, was mir in meiner Verzweiflung wirklich half, die Reaktion meiner Schwiegermutter. Als ich ihr die Lage geschildert hatte, die Diagnosemühle, durch die ich gedreht worden war und die sich nun immer mehr auf diese Möglichkeit, MS, einengte, sagte sie: ›Das ist gut, damit kannst du leben. Ich kenne eine Staatsanwältin, die hat das seit zwanzig Jahren und ist immer noch berufstätig. Das geht.‹ Niemand hatte so originell und respektlos reagiert. Für mich war das besser als all die Betroffenheit und das Beileid der anderen. Diese Reaktion hat mir wirklich eine Perspektive gegeben.«

Was wäre, wenn …
Stellen Sie sich etwas vor, das in Ihrem Leben irgendwie schiefgelaufen ist, sich nicht Ihren Wünschen entsprechend entwickelt hat, und fragen Sie sich:
»Was wäre, wenn: dies Unglück, diese Lage, dieses Versehen, *das Beste wäre, was mir passieren konnte?*«

Als Chronos eines Tages nach Hause kam, hatte er die Nase voll. Er hatte es satt, Tag für Tag die Terminkalender, Filofaxe, Kalenderhefte der Menschen vollzuschreiben. Immer wieder die gleichen Texte: Arbeit von … bis, Treff mit xy, an B. denken, Massage, Kind zum Sport, Arztbesuch, Kino und Theater mit …, aber pünktlich, Sport auch noch, die Verpflichtung, bei sowieso vorbeizuschauen, Pilleneinnahme um 11, Zugverbindung zum wichtigen Termin mit noch wichtiger nicht zu vergessen. Dazu die Feiertage, regional sortiert – da musste er aufpassen, er konnte nicht mal eben bei den Katholiken Pessah eintragen oder gar Weihnachten vergessen in einem Land, in dem der Großteil der Bevölkerung gar nicht mehr an die Botschaft glaubte. Er musste aber auch Geburtstage, nationale Gedenktage, Hochzeitstage, Liefertermine, Banktermine eintragen, die Öffnungszeiten der Post nicht vergessend, wo die verwaisten Päckchen lagen, die nicht ausgeliefert werden konnten; Ladenschlusszeiten musste er genauso bedenken wie Jahrestage, Schulferien … Kurz gesagt, er kam ganz schön in Stress.

Er hatte es satt, war müde. Nie konnte er auch nur eine Sekunde in seinem Sessel schlafen, da musste er schon wieder hoch. Termine, Zeiten … Wenn er schliefe, würde er womöglich alles vergessen, wo doch der Schlaf auch mal der kleine Tod genannt wird. In Morpheus Armen versinken – vergessen. Und im Tod hört die Zeit auf zu existieren. Wer tot ist, hat alle Zeit. Keinen Zeitdruck, die Ewigkeit.

Und dann passierte das Unvorstellbare. Chronos schlief nach

all den Jahren unermüdlicher Tätigkeit ein. Und wachte aus seinem tiefen Schlaf gar nicht mehr auf!

Ja, was war dann? Alle Terminkalender blieben leer. Aufwachen und keinen Termin haben. Auch keinen Zeitdruck oder Stress. Irgendwann zur Arbeit gehen, solange man Lust hat, dann gehen, schlendern, innehalten, Muße haben, sein im Moment. Wenn Uranus um die Ecke blickt, bleibt die bloße Existenz. Jetzt.

Ist der Terminkalender, der gut gefüllte, die Existenzberechtigung? Sieh her, ich habe Termine – also lebe ich? Je mehr Termine, desto mehr Sinn? Wie Perlen aneinandergereihte Zeit, ein Mantra fast. Und nun – die Kette zerissen. Die Perlen rollen in alle Richtungen fröhlich springend über den Boden der Gegenwart. Die Blätter des Terminkalenders, weiß wie Schnee, muten seltsam an wie das Relikt einer anderen, der Zeit.

Einige fanden das komisch und fingen an, sich selber Termine in den Kalender zu schreiben. Der Wichtigkeit halber. Perlen der Zeit. Wie eine Gebetskette gleitet sie durch die Hände.

Was bleibt, wenn Chronos weiterschläft?

Raus aus den alten Fahrwassern

Der Perspektivenwechsel schafft eine Dezentrierung, weg von den üblichen Sichtweisen, die so genau vorzuschreiben scheinen, wie ein Ereignis gewertet werden muss. Der Perspektivenwechsel zeigt die Bedingtheit jeder Perspektive, indem er eine radikal andere vorschlägt. So kann deutlich werden, in welch hohem Maß die Folgen von Lebensereignissen davon abhängen, *wie wir sie einschätzen.* Fast nichts, so scheint es, ist eindeutig als *gut* oder *schlecht, so* oder *so* zu bewerten.

Dazu kommt der Zeitfaktor: das beklagenswerte Ereignis, unter dem wir gelitten haben, zeigt nach Jahren eine ganz andere Wirkung: Es hat uns Lebensmöglichkeiten eröffnet, die wir sonst nicht gehabt hätten. Die Lebenslaufforschung zeigt, dass selbst Menschen, die von einem, im landläufigen Sinne, tragischen und weitreichenden Ereignis wie einer plötzlichen schweren und chronischen Erkrankung betroffen sind, nach einiger und erstaunlich kurzer Zeit einen Punkt erreichen, an dem ihre allgemeine Lebenszufriedenheit diejenige vor dem Ereignis *über-*

steigt. Entscheidend ist hier die menschliche Fähigkeit, auszuwählen, zu optimieren und zu kompensieren. Indem wir unser Leben umstrukturieren und an veränderte Verhältnisse anpassen, können wir aus Verlusten Gewinne machen. Dies zeigt auch die Alternsforschung, die untersucht, wie Menschen mit den unvermeidlichen Verlusten umgehen, die das Altern mit sich bringt. Wer bereit ist, Ereignisse und Verhältnisse *umzudeuten,* also etwa aus der gestiegenen Abhängigkeit von anderen eine gestiegene Freiheit der eigenen Zeitverwendung abzuleiten, fühlt sich glücklicher, als wer an einer Einschätzung (»Abhängigkeit ist schlecht«) festhält, die er sich vor zwanzig oder vierzig oder noch mehr Jahren erworben hat.

Die Lounge wirft einen neuen Blick auf die Welt

Es war wieder Freitag, und die Leben verließen ihre Menschen und ließen diese müde und apathisch zurück, um sich in der Lounge wie so oft mit den anderen Leben zu treffen. Sie kamen aus unterschiedlichen Richtungen der Stadt, trafen aber fast gleichzeitig an der Lounge ein. Butsche, der gut sehen konnte, wunderte sich schon von Weitem, warum da solch eine Ansammlung von Leben vor dem Haus der Lounge stand. Er kam näher, hörte ihre etwas aufgeregten oder gar empörten Stimmen – dann sah er es selbst. An der Tür hing ein Schild mit der Aufschrift: »Heute keine Zeit. Heute geschlossen!«

Was soll denn das bedeuten, fragte Prisoner ganz beunruhigt, der heute gerade ganz besonders viel Wert darauf legte, in die Lounge gehen zu können. Wo er bzw. sein Mensch ja eigentlich sonst eher das Gefühl hatte, aus seinem Gefängnis nicht rauszukommen. Sonderbar. Offenbar gab es da unterschiedliche Interessen. Love stand etwas frierend da, und Elm hätte sich auch etwas Entspannung nach der Woche mit seinem Menschen erhofft, der wieder viel zu viel gearbeitet hatte und noch stolz darauf war, täglich 12–14 Stunden tätig gewesen zu sein. Kurt konnte darüber nur den Kopf schütteln.

Was aber tun? Andere Kneipe? Draußen spazieren gehen? Kunstausstellung? Tanzen gehen? Irgendwie war an diesem Freitag nichts wirklich ansprechend für die Leben. Da kam Sprinter auf eine Idee:

»Lass uns doch zu unseren Menschen gehen und die mal zur Abwechslung mobilisieren. Mal sehen, wer am nächsten Freitag die beste Geschichte erzählen kann, was er mit seinem Menschen erlebt hat.« *Operation Blickwechsel* sollte es heißen. Und da die Leben aufgrund ihrer Lebendigkeit immer für einen Spaß zu haben sind, stimmen sie dem nach kurzer Überlegung zu, verabschieden sich herzlich voneinander und stürmen nach Hause zu ihren Menschen.

Eine Woche später trafen sie sich dann in der wieder geöffneten Lounge, die einen neuen, schicken, rot-orangen Anstrich erhalten hatte und neue weiße, superbequeme Ledersessel mit niedrigen Tischen dazu, auf die man so gut seine Getränke abstellen konnte. Nur die Musik war die Gleiche geblieben, aber das war ja auch gut, das eine oder andere Vertraute zu haben, oder?!?

Nachdem die Leben sich bequem in den Sesseln zurückgelehnt und alle ihren Drink bekommen hatten, begannen sie ihre Geschichten von »Operation Blickwechsel« zu erzählen.

Sprinter war sofort nach Hause gelaufen und hatte seinen Menschen etwas hektisch in Tätigkeiten verwickelt vorgefunden. Dies noch machen und das noch und immer stark sein und immer für andere da und darin ganz wichtig und unentbehrlich – Sprinters Mensch dachte, ohne seine Aktivität würde alles zusammenbrechen und alle ganz unglücklich sein. Er konnte endlos geben und sich stark dabei fühlen. Dass er damit die anderen auf Dauer schwach machte, sah er nicht. Sprinters Leben hatte dann an diesem Abend dafür gesorgt, dass sie ein Geschenk bekam. Die Partnerin von Spinters Mensch schlug ihr ein Spiel vor: Königin und Dienerin. Sprinters Mensch sollte die Königin sein, die ihrer Dienerin alles sagt, was sie will und was diese für sie tun soll. Sie könne z. B. sagen:»Kraul mich da, massiere mich so, koch mir Schokoladenpudding, mal ein Bild für mich, sing mir ein Lied etc. Die Dienerin machte all das, solange es ihr natürlich auch gefiel, und Sprinters Mensch hatte als Königin die Aufgabe, alles hin- und anzunehmen. Nichts tun, nur genießen. Hingebungsvoll zu sein. War am Anfang gar nicht so einfach für sie, aber im Lauf des Abends merkte sie dann, dass es auch mal richtig nett sein kann, sich einfach nur hinzugeben. Der Begegnung, dem Moment, der sinnlichen Erfahrung. Joni seufzte, als sie dies hörte. Ihr Mensch liebte die Hingabe.

Auch Elms Mensch lernte ein neues Spiel kennen. Er, der immer so viel las und alles analysierte, sollte in dem Spiel nach dem Würfeln und Setzen immer sagen, welches Gefühl er hat. Entweder er kam auf ein Feld, auf dem ein Körper abgebildet war, dann sollte er ein Körpergefühl nennen wie z. B. Kribbeln in der Nase, Wärme im Bauch, Spannung im unteren Rücken etc. Und das sollte möglichst ausdrucksstark geschehen. Die anderen Mitspielerinnen gaben dann Punkte von 1–5, wie überzeugend für sie der Ausdruck des Gefühlten war. Wer dann nach festgelegter Spielzeit die meisten Punkte hatte, hatte den *Emo-Contest*, denn so hieß das Spiel, gewonnen. Kam man auf ein Feld mit einem Herz, ging es mehr um Gefühle der Zuneigung, Liebe, um das, was man gern mag und was sich gut anfühlt. Das Feld mit dem Blitz forderte auf, nach Emotionen wie Wut, Ärger, Nervosität, Unzufriedenheit etc. zu forschen – alles Gefühle, die im Grunde entstehen, wenn ein Bedürfnis nicht befriedigt worden ist. Denn das konnte Elms Mensch schnell analysieren, wie das mit den Gefühlen und dem *Gefühlskreislauf* so ist. Er beschrieb es dann den anderen: 1. Ich nehme erst vielleicht nur eine gewisse Leere oder Unruhe wahr. Dann entsteht 2. ein Bedürfnis wie z. B. Hunger, nach Nähe, nach frischer Luft, nach Alleinsein mit sich selbst. Ich muss 3. mir bewusst oder unbewusst erlauben, dies Bedürfnis erst zu nehmen, um dann 4. dafür zu sorgen, dass mein Bedürfnis Befriedigung, von mir oder auch anderen, erhält. Und je nachdem, ob dies gelang oder nicht, entstehen 5. die Gefühle wie Wohligkeit oder eben auch Unruhe oder Glück. Elms Mensch war schlau, nicht? Das Spiel ging weiter, und bei einem Feld mit einem Fragezeichen durfte man jemand anderes fragen, wie es ihr geht. So spielten sie noch eine Weile und bekamen darüber Einblicke in ihr und das Gefühlsleben anderer. Blickwechsel eben.

Loves Mensch bekam eine Aufgabe, die Geduld erforderte. Sie bekam eine Tüte Blumensamen, bunte Töpfe und Erde und war nun aufgefordert, diese einzupflanzen und dann dem Wachsen zuzusehen. Diese Samen konnte sie mit einem Herzenswunsch zusammen einsäen. Die kommende Pflanze musste nun beobachtet, gehegt und gepflegt werden, vielleicht genau wie das Wachsen des Wunsches und seiner Umsetzungsmöglichkeiten. Loves Mensch musste nun abwarten, was aus ihrer Saat wurde. Wir dürfen gespannt sein, ob sie es aushält, etwas Schönes wachsen zu sehen und es zu genießen.

Es gab noch viele Geschichten an diesem Abend. Gemeinsam hatten sie oft, dass die spielerische Seite der Menschen gefordert war.

Wann haben Sie das letzte Mal etwas Spielerisches getan, etwas, was mit Pflicht so gar nichts zu tun hat? Z. B. die Nacht auf dem Rasen liegen und den Sternenhimmel betrachten? Oder Holunderbeeren sammeln und davon Saft machen? Oder mit Steinen, die auf der Straße liegen, einfach ein paar Schritte Fußball spielen? Oder...

Kraftquelle 9
Count your blessings! Start now!

Um die eigenen *Blessings,* die Segnungen also, zu zählen, wie der englische Vorschlag nahelegt, müsste man zunächst wissen, was die *eigenen* Blessings eigentlich sind. Was ist das Gute, heute hier, in meinem Leben? Was ist es, was mich glücklich macht, wenn ich daran denke? Was mir deutlich macht, dass mein Leben sinnvoll, lebenswert, *bejahenswert* ist, dass es ein *gutes Leben* ist?

Eine Klientin erzählt:

»Es sind vor allem zwei Dinge, die ganz eng mit meinem Leben verknüpft sind und die mich unfehlbar aufheitern, wenn ich an sie denke und die mir das Gefühl geben, hier und jetzt reich und glücklich zu sein, egal, was sonst noch los ist in meinem Leben: dass ich Frauen lieben darf und dass ich nicht in einer Institution leben muss. Das kann natürlich nur verstehen, wer mein Leben kennt und weiß, dass ich in einem Waisenhaus aufgewachsen bin und dass ich die ersten zwanzig Jahre meines erwachsenen Lebens heterosexuell lebte und erst mit vierzig merkte, dass mich die Liebe zu Frauen wirklich glücklich macht und heilt.«

Ich bin reich!

Das Glückstagebuch: Meine Geschenk-Momente heute   Übung

Finden Sie heraus, was es ist, das sich in Ihrem Leben wie ein Geschenk anfühlt, indem Sie jeden Abend kurz und schriftlich den Tag Revue passieren lassen, mit besonderem Augenmerk auf die *Geschenk-Momente heute.* Führen Sie dieses spezielle Geschenk-Tagebuch einige Zeit und lesen Sie immer wieder nach, um herauszufinden, was es möglicherweise für Muster oder Konstanten in Ihrem Leben gibt.

Eine Freundin erzählt:

»Gestern schrieb ich in mein Tagebuch, dass mich die Herzens-Begegnung mit einem Kind, das mir seine Geschichten erzählt hat, so sehr beglückt hat. Plötzlich wurde mir klar, dass dieses Mädchen mich an mich selber erinnert hat, wie ich mit acht Jahren war: lebendig, warm, fantasievoll und einsam. Mir wurde deutlich, dass ich eine ehrenamtliche Tätigkeit gewählt habe, die es mir ermöglicht, mit vielen Kindern in einen zwanglosen Kontakt zu kommen und sie in ihrer Fantasietätigkeit zu begleiten. Es fiel mir wie Schuppen von den Augen, dass ich damit das kleine einsame Mädchen in mir heile!«

Blessings sind nicht nur *Segnungen* und *Geschenke*, sie sind *Heilungen*. Meine ganz speziellen Blessings in meinem Leben herauszufinden und zu pflegen, ja herzustellen, kommt einem Heilungsprozess gleich. Wir erkennen uns selbst immer besser und ermöglichen uns, von innen nach außen zu gesunden, indem wir unsere Geschenke zählen. Geschenke zählen macht dankbar, und Dankbarkeit ist eine der gesündesten Haltungen, die wir in unserem Leben einnehmen können.

Heute in der Lounge: Die Leben zählen ihre Geschenke

Heute, an einem ganz gewöhnlichen Freitag am Ende der Woche, gab es in der Lounge, warum auch immer, einen Themenabend. Normalerweise trafen sich die Leben hier ja, um abzuhängen und zu chillen und sich von ihren Menschen auszuruhen. Sie wollten einfach lebendig sein können, so im Moment des Seins mit Blick auf den Fluss und einem bunten Getränk in der Hand.

Sie waren wieder alle da, Heinz und Joni, Love, Sprinter, Prisoner, Kurt. Und auch Elm, der sporadisch vorbeikam und mit einem Arzt zusammenlebte und sich von daher gut mit wissenschaftlichen Texten auskannte.

Ach ja, der Themenabend. Er hieß »count your blessings«. Dazu waren alle eingeladen, eine kleine Vorstellungsübung für sich durchzuführen. *Sie sollten sich eine halbe Stunde Zeit nehmen und sich vorstellen, ihr Leben wäre jetzt in dieser Zeit zu Ende. Echtzeit. Was würde da* innerlich passieren, welche Gedanken durch den Kopf gehen? Sie machten alle mit, ohne Ausnahme.

Und was war da los – nach einer halben Stunde. Alle Leben wollten von ihren Schätzen berichten. Den Reisen, der Liebe, den vielleicht ungelösten Themen, den Reichtümern, die sie auf den unterschiedlichen Ebenen ihres Daseins mit ihren Menschen gesammelt hatten.

Heinz erzählte von seinen Inselerfahrungen, wo er zur Ruhe kam und sich an den transparenten Farben des Himmels satt trank. Kurt berichtete von einem Radurlaub mit Zelt in England, wo er besonders ein kleines Café in einem noch kleineren Dorf genossen hatte, das ganz mit Rosendekor ausgestattet war, von der Tapete über die Stühle, Tischdecken bis hin zum Geschirr, von dem er Muffins mit clotted cream aß. Sprinter war noch ganz begeistert von der Erinnerung an eine ayurvedische Ganzkörpermassage mit warmem Öl, die er erlebt hatte, naja, genau genommen sein Mensch. Prisoner hatte eine Kindheitserinnerung, wie er die Freiheit genossen hatte, als er anfing, selber lesen und in den Reichtum der Bücherwelt eintauchen zu können. Love gibt eine Geschichte von ihrer Katze zum Besten, die alle zum Lächeln bringt. Und Joni erzählt von einem Jazzfestival, auf dem sie ganz erfüllt und durchflutet von Musik gewesen sei.

Es gab an diesem Abend auch von anderen noch viele Geschichten. Die meisten handelten von Dankbarkeit und Liebe. Dankbar auch für Gesundheit und körperliche Beweglichkeit. Elm fügte ein, dass Dankbarkeit eine der Ursachen für Glück sei.

Einig waren sie sich alle darin, dass sie es liebten, wenn ihre Menschen sich mit anderen trafen, wenn sie aus vollem Herzen liebten und geliebt wurden. Das würde Sinn machen für sie als Leben, meinten sie. Und Elm erzählte, dass er eine Studie gelesen hätte, nach der Geld übrigens nicht glücklich machen würde.

Es war eine richtig angeregte Stimmung in der Lounge, und sie beschlossen, von nun an ein Glückstagebuch für alle an diesem Ort auszulegen, in das jedes Leben seine Blessings eintragen könnte. Vielleicht auch als Inspiration für andere Leben, die dann, zurückgekehrt zu ihren Menschen, die auf gute Ideen bringen könnten. Das macht Sinn, fanden alle.

Kraftquelle 10
Bleiben Sie bei sich:
Gefühlsgewohnheiten aufgeben

Gefühlsgewohnheiten sind die gewohnten Schädigungen, die Sie sich zufügten, wenn Sie Gefühle hatten, die Sie nicht haben wollten. Dazu gehört alles, was Sie in der gegebenen Situation von sich selbst und den Gefühlen, die Sie fühlen, entfernt:

Sich mit Kohlehydraten vollstopfen, sich verkriechen, ins Kino gehen, vor dem Fernseher abhängen, legale oder illegale Drogen nehmen, rausgehen und jemanden aufreißen, sich volllaufen lassen, abhauen in die innere oder äußere Emigration, aber auch: mit niemandem reden, still verzweifeln, noch mehr den Clown spielen, viel Triviales lesen, nicht mehr ausgehen, sich fürchterlich aufregen und einen Streit vom Zaun brechen, sich ein bisschen vernachlässigen, das Rauchen wieder anfangen, das Joggen lassen ...

Gefühlsgewohnheiten sind Gewohnheiten, auf die wir zurückgreifen, wenn wir bedürftig werden, wenn wir etwas brauchen, von dem wir glauben, dass wir es uns selbst nicht geben können, aus welchem Grund auch immer.

Nicht anerkannte Bedürfnisse sind den Ressourcen, die wir ausgebildet haben und weiter ausbilden, nicht zugänglich.

Übung   **Bestandsaufnahme**

Prüfen Sie, welche Schädigungen, die offensichtlichen und die weniger offensichtlichen, Sie sich zufügen, wenn es eigentlich um Gefühle geht, die Sie bei sich nicht anerkennen wollen.

Verzichten Sie auf Schädigungen ihrer selbst, wann immer Sie können.

Gefühle wandeln sich relativ schnell, wenn sie zugelassen und akzeptiert werden. Vertrauen Sie darauf, dass eine wirklich echte Empfindung in der Regel nur so lange anhält, wie wir *Gegenwart* wahrnehmen können: drei bis vier Sekunden. Danach kommt etwas anderes, ein anderer Moment, eine subtile oder auch weniger subtile Veränderung in Ihrer Gefühlslage.

Gefühle ändern sich, Gefühle sind wie Meereswellen: kommen, bleiben einen Moment, verebben wieder. Nächste Welle: nie ganz genau gleich.

Das Gefühl fühlen   Übung

Still sitzen, achtsam atmen, die eigenen Gefühle fühlen.

Geben Sie dem Fluchtimpuls zur Selbstschädigung nicht nach, sondern halten Sie stand. Bleiben Sie bei sich, wenigstens für kurze Zeit. Überlegen Sie, was Sie tun können, um das Gefühl zu *fühlen*, das Sie haben, statt es zum Verschwinden zu bringen.

Gut für Sie, wenn Sie Ressourcen haben, auf die Sie in solchen Momenten zurückgreifen können: wenn Sie das Meditieren gelernt haben, wenn Sie rausgehen und sich (mäßig, achtsam) bewegen können, wenn Sie schreiben oder malen können, wenn Sie andere Wege haben, um mit Ihren Gefühlen umzugehen.

So umzugehen, dass Sie die Gefühle nicht wegdrücken, sondern zulassen und dann erleben können, wie sie sich wandeln: aus Wut kann Trauer werden; hinter der Angst kann ein Gefühl von Freiheit aufkommen; die Einsamkeit, die so schmerzlich als Verlust daherkam, wird zum Freiraum, um sich selbst zu entdecken.

Jedes Gefühl, das unverändert länger anzuhalten scheint als einen Gegenwartsmoment, ist kein *Gefühl*, sondern eine *Emotion*, ein Drama, eine Gefühlsrequisite aus einem Theaterstück, das Sie für sich selbst oder andere aufführen, weil Sie irgendwann einmal den Eindruck gewonnen haben, dass das nützlich oder angemessen sei.

Beobachten Sie sich aufmerksam und unterscheiden Sie anhand des Zeitkriteriums, ob Sie ein *Gefühl* erleben, das sich langsam oder schneller ändert, wenn Sie es zulassen, oder ob Sie gerade eine *Emotion* erleben, also für sich oder andere ein Gefühlstheater aufführen.

Im Lauf unseres Lebens entwickeln die meisten von uns Gefühlsgewohnheiten: immer, wenn das und das passiert, fühle ich mich so und so:

- »Ich kann abends nicht gut allein sein, da hilft mir ein Glas Whisky.«
- »Jedesmal, wenn er mich so ansieht, wird mir ganz kalt, und ich weiß nicht mehr weiter.«
- …

Solche Gefühlsgewohnheiten, die sich im Aufführen von Emotionen äußern, verdecken meist andere Gefühle, die wir nicht zulassen wollen, weil wir sie fürchten. Paradoxerweise können das auch sehr angenehme Gefühle sein:

Wie oft haben Sie erlebt, bei sich oder bei anderen, dass Komplimente mit Selbstabwertungen zurückgewiesen wurden, die fast brutal klingen:

- »Spinnst du, ich hab sogar zugenommen!«
- »Dafür hab ich am Hintern zwanzig Runzeln mehr!«
- …

Vielleicht ist die Freude an sich selbst, die Selbstliebe, die darin zum Ausdruck kommen kann, dass frau/mann sich schön findet, so ein verborgenes und gefürchtetes Gefühl hinter der Emotion, der Gefühlsmaske der Selbstabwertung.

Eine Möglichkeit, die gewohnten Selbstschädigungen abzubauen, ist, *kontraintuitiv* zu handeln.

Wenn Sie sich in dieser altbekannten Situation sonst immer ver-
krochen haben, gehen Sie einmal um den Block, schauen Sie beim
Nachbarn rein oder rufen Sie Freundinnen an.

Wenn Sie bemerken, wie die Abendstunde Sie zum Whisky greifen
lässt, trinken Sie heißes Wasser und zünden Sie eine Kerze an. Wenn
Sie sonst immer allein geweint haben, schauen Sie sich jetzt im Spiegel dabei zu.

Wenn Sie merken, wie die Kopfschmerzen kommen, die Sie aufs
Lager zwingen, gehen Sie in die Oper: Delegieren Sie das Drama, lassen Sie Cecilia Bartoli oder Anna Netrebko den Part übernehmen!

Kontraintuitiv handeln heißt:

Tun Sie etwas, das für Sie *das Letzte in dieser Situation* wäre. Dadurch können Sie den Automatismus der Selbstschädigung unter-
brechen und neue Perspektiven auf altbekannte Gefühlsdramen
gewinnen.

Übrigens: ein weiteres Kennzeichen der *Emotion* im Gegensatz
zum *Gefühl* ist, dass die Ersteren regelmäßig in gewissen Momenten auftreten, wir sie aber nie kommen sehen und uns jedesmal überrascht fühlen.

Der Streit mit den Schwestern am dritten Besuchstag: schon
seit hundertfünfzig Jahren so. Jedesmal Weihnachten dasselbe.
Trotzdem fahren wir immer wieder hin, als sei nichts gewesen,
und stellen uns fröhliche Weihnachten wie im Fernsehen vor.

Warum eigentlich? Warum treffen wir keinerlei Vorkeh-
rungen? Sind jedesmal aufs Neue überrascht und gekränkt und
wütend und alles? Warum versagt jeder gesunde Selbstschutz vor
Schwägerin Rosemaries kühlem Sarkasmus, wo wir doch im
Office seit Jahren taktischen Nahkampf gegen Kollegin Sylvia
üben?

Antwort:

Weil wir gelernt haben: Die Show der Emotionen muss weitergehen.

Selbstschädigende Gefühlsgewohnheiten erkennen Sie ganz sicher daran, dass sie sich *immer wieder ganz überraschend* wiederholen. Und Sie seit Jahren immer wieder völlig unvorbereitet treffen. Ungefähr so, als könnten Sie einfach nicht damit rechnen, im Restaurant nach dem Dessert eine Rechnung serviert zu bekommen oder im Sommer das Heizöl für den nächsten Winter zu bestellen. Trifft Sie völlig unvorbereitet. Jedesmal wieder …

Kurt, die Lounge und die Macht der Gewohnheit

Kurt hat einen schlechten Tag. Er sitzt auf seinem Sessel, ganz in Gedanken verloren und sinniert murmelnd, mit düsterem Gesicht, vor sich hin. Es ist doch schon eine Gewohnheit von uns Leben, so denkt er, sich jeden Freitag in der Lounge zu treffen. So richtig Gewohnheit. Man braucht sich nichts anderes mehr zu überlegen. Einfach hingehen. Andere wie gewohnt treffen. Die Menschen zu Hause am Ende der Woche allein lassen. Abhängen in der Lounge, mit immer demselben Blick auf den Fluss. Gewohnte Musik hören. Die gewohnten Leben treffen. Keine anderen Ideen entwickeln. Gewohnheit. Das Gewohnte tun. Sich nicht mehr fragen, ob es denn Spaß macht, ob man es will, ob es einen weiterbringt, ob es guttut oder nicht. Immer auf den gleichen Platz setzen in der Lounge. Die ganze Getränkekarte lesen und dann doch das gewohnte Getränk, z. B. einen Kiba, bestellen. Mit und ohne Schuss. Oder sich jetzt schon darüber aufregen, dass Sowieso das Gewohnte sagen wird. Die gewohnte Umgebung für den Freitagabend, die sich auch nicht so richtig innenarchitektonisch ändert. Immer die gleichen Farben, immer die gleiche Tapete, immer die gleichen Leben, die kommen. Und dann wie immer irgendein Gespräch, in dem sich ein Leben über seinen Menschen aufregt. Immer das Gleiche. Nichts Neues. Kurt sank noch tiefer in seinen weichen, weißen Loungesessel mit den bequemen Rücken- und Armlehnen. Gleich kommt bestimmt wieder Joni völlig quirrlig rein. Wo die bloß immer ihre gute Laune hernimmt. Und Elm, immer weiß der was Neues, was sein

Mensch gerade gelesen hat – und muss es wie gewohnt zum Besten geben. Prisoner hat immer den letzten Schrei an Kleidung an, die er auch noch selbst kreierte, wenn auch immer mit Streifenmuster. Da hat der doch auch eine fast unerträgliche Gewohnheit an sich, denkt Kurt. Sprinter wird vermutlich auch was zu berichten haben. Vermutlich, was er schon letzte Woche andeutete, dass sein Mensch angefangen hat zu meditieren, einfach bis 10 zählend auf den Atem achten und wieder von vorn anfangen mit dem Zählen. Immer wieder, und das so gute 20–30 Minuten lang. Auch das Gewohnte – so Kurt. Was sollte sich durch so was schon groß verändern. Sprinter vermutete ja, dass sein Mensch da mehr zur inneren Ruhe kommt und nicht mehr so viel rennen muss. Was soll sich schon ändern. Außerdem ist das Gewohnte ja auch das Gewohnte. Das zuverlässig Immerwiederkehrende, ob's nun wehtut oder nicht. Gewohnheit. Auch nicht schlecht, denkt Kurt. Ist ja ne sichere Sache. Man weiß, was man hat. Besser den Spatz in der Hand als die Taube auf dem Dach. Bloß nichts verändern. Man weiß nicht, was man kriegt. Und das Gewohnte ist ja auch so vertraut. Wenn ich in die Lounge komme, weiß ich jedenfalls, wo mein Platz ist. Da entsteht keine Unsicherheit. Und Angst muss man schon gar nicht haben. Ich stell mir nur vor, ich steh da so rum und alle sehen mich an und ich weiß noch nicht, wo ich mich hinsetzen soll und muss erst mal rumgucken und bin dann so sichtbar und was die Leute dann über mich denken können, wie ich da so rumstehe. Dann doch besser auf den gewohnten Platz setzen. Und den gewohnten Ausblick haben. Und einen Kiba bitte. Er lehnte sich beruhigt und gut gelaunt zurück. Der Abend konnte für Kurt beginnen.

Kraftquelle 11
Trost

Trauen: fest, sicher sein, vertrauen, auch: hoffen, glauben. Refl.:
wagen. *Mit Dativ:* ehelich verbinden, dem Sinn nach:
anvertrauen

Treu: fest wie Holz, standfest

Trost: Bildung zu *treu* und *trauen*

Kluge: Etymologisches Wörterbuch

Trost kann also heißen:
WAGEN, SICH SELBST TREU ZU SEIN: SICH SELBST
ANVERTRAUT SEIN

»*Als ich zwischen zwei Polizisten aus dem Zuchthaus
zum Konkursgericht geführt wurde, wartete Robbie auf
dem langen, düsteren Korridor, nur um im Angesicht einer
Menge, die vor einer so freundlichen und schlichten Tat
ehrfürchtig verstummte, ernst vor mir den Hut zu ziehen,
als ich in Handschellen und gesenkten Hauptes an ihm
vorüberging. (…) Als die Weisheit mir nichts nützte, die
Philosophie mir nicht fruchtete und die Sprüche und
Reden derer, die mich zu trösten suchten, in meinem Munde
wie Staub und Asche waren, da hat bei mir der Gedanke an
diesen kleinen, demütigen, stummen Akt der Liebe bewirkt,
dass alle Brunnen des Mitleids wieder flossen, dass die
Wüste aufblühte wie eine Rose, dass ich aus der Bitternis
meines einsamen Exils in die Harmonie mit dem wunden,
gebrochenen und großen Herzen der Welt fand.*«

Oscar Wilde[10]

---

[10] »Mein Name ist Prinz Paradox« – Oscar Wilde zum Vergnügen. Reclam
Verlag, Stuttgart 2000, Seite 152 f.

Schwacher Trost

Was ist Trost eigentlich? Was ist es, das in uns vorgeht, wenn wir empfinden: »Das tröstet mich, da finde ich Trost.«?

Die Inhalte, Momente, Anlässe, die uns trösten, mögen sehr verschieden sein. Ist der Vorgang des Trost-Findens ähnlich?

Uns tröstet, was uns in unsere Mitte, unseren Fluss, unsere Essenz zurückbringt und was uns gleichzeitig, wie Oscar Wilde es beschreibt, zurückbindet an das wunde, gebrochene und große Herz der Welt. Eine kreisförmige Bewegung nach innen und von dort wieder nach außen.

Trost ist: in der eigenen Mitte ankommen und All-Verbundenheit spüren. Eins sein. All-Eins-Sein.

Wir suchen also das, was uns ermöglicht, all-eins zu sein, uns selber zu treuen Händen anvertraut.

Unter der Perspektive der Lebenskunst betrachtet bedeutet das:

Ich bin mir anvertraut, und ich weiß, dass ich immer wieder im Leben des Trostes bedürftig sein werde, vielleicht sogar ganz prinzipiell des Trostes bedarf, *weil* ich lebe.

Selbsttröstung

Die Lebenskunst bestünde dann darin, mich selbst besser kennenzulernen, damit ich immer besser herausfinde, was *mich* tröstet, und wie ich dahin kommen kann, diesen Trost auch dann aufzusuchen, wenn ich ihn brauche.

Denn es ist vertrackt mit dem Trost: Je mehr ich seiner bedarf, desto ferner scheint er zu rücken. Ich muss Wege, Spuren, Fährten bereitstellen, die mich dann, wenn ich bedürftig bin oder vielleicht schon ein wenig vorher, dahin bringen, wo es tröstlich ist.

Außerdem ist es mit dem Trost wie mit den Entspannungsübungen: Wenn ich sie regelmäßig praktiziere, senke ich mein allgemeines Stresslevel bereits ab, sodass akuter Stress mich nicht mehr so sehr aufregt, weil er mich bereits auf einem tieferen Niveau der Entspannung antrifft. Es ist also günstig, vorzusorgen.

Deswegen die Tröste-Schatzkiste mit Filmen, Musik, Schokolade und sonst allerlei, die Tröste-Essen, die täglichen Übungen, sei es Meditation, progressive Muskelentspannung, Ausdauersport oder Gartenarbeit. Und die Vorbereitungen für den akuten Fall: Was brauche ich, wenn's mal dick kommt, wenn Schmerz und Trauer mich zu überwältigen drohen?

Was tröstet mich und wie wirkt der Trost?

Die westliche Medizin, insbesondere die Pharmawerbung, lehrt uns, auf schnelle, harte Maßnahmen zu setzen. Der Kopfschmerz soll schnell und vollständig beseitigt werden, der Krebs möglichst folgenlos herausoperiert.

Wie wirkt Trost? Schnelle und vollständige Beseitigung sind keine Kriterien für guten Trost. Guter Trost wirkt langsam, sanft, vielleicht nicht vollständig und schon gar nicht beseitigend. Trösten heißt nicht, ein schmerzendes Teil herausoperieren oder reparieren oder ersetzen. Wer je von plötzlichen Unglücksfällen betroffen war und mit den Reaktionen der wohlmeinenden Mitmenschen fertig werden musste, weiß, wie wenig tröstlich, ja wie belastend das sein kann, was da als Mitgefühl, als Sorge, als »Beileid« auf einen zukommt.

Trost ist manchmal:

Da kann man nichts tun. Das kann man erst mal nur ertragen. Da ist nichts zu ändern. Keine Aktion ist angesagt, die Reaktion kann nur im Er-Dulden, im An-Nehmen bestehen. Im Weiter-Atmen. Ganz basal. Ganz unspektakulär.

Im Buddhismus heißt das: sich entspannen in der Bodenlosigkeit. Und manchmal fühlt sich das Leben genauso an: bodenlos.

Und wir können nur: weiteratmen.

Und da fängt der Trost an.

Trost ist:
- natürlich
- sanft
- langsam
- leicht
- zart
- verbindend

- harmonisch
- be-rührend
- schlicht
- einfach.
- Trost ist oft SCHWACH.

»Meine Gnade genügt dir, denn sie erweist ihre Kraft in der Schwachheit.«

Das Bibelzitat ist lesbar zum einen als Feststellung gegen den Perfektionismus, den Optimierungsmaximismus, der viel Trostbedürftigkeit hervorbringt, und zum anderen weist es darauf hin, dass eine Kraft in der Schwachheit liegt.

Trost ist oft schwach.

Darin liegt seine Kraft.

Darin liegt auch sein Gegenentwurf zum höher-schneller-weiter-schöner-stärker-cooler-Komparativ unseres Lebens.

Trost ist oft schwach.

Darin liegt seine Kraft.

Dieser sanften Stärke muss ich mich anvertrauen, um getröstet zu sein.

Was kann trösten?

Eine Gruppe von Klientinnen und Klienten listet auf und stellt zusammen:

Die Trost-Schatzkiste
- Steine
- Muscheln
- Getrocknete Rosen
- Rescue-Tropfen
- Schüsslers Magnesium phosphoricum
- Ice Age (nicht Ice Age 2), ein Film, der mich mit Sicherheit aufheitert, schon im Vorspann.
- Die süßesten Postkarten und innigsten Briefe meiner Freundinnen, Geliebten, Schwestern, meines Ex-Mannes …

- Fotos, auf denen ich gut aussehe.
- Fotos, auf denen ich schlecht aussehe.
- Primavera-Duftöle: Rose, Vetiver, Zeder, wilde Kamille. Fürs Herz und zum Erden.
- Ein Foto von meiner Katze.
- Ein Calvin-und-Hobbes-Cartoon von Waterson. Stimmt nicht, alle. Auf Englisch.
- Cold Comfort Farm, als Buch von Stella Gibbon und als Film, wenn ich mich zu sehr mit seltsamen Menschen eingelassen habe und konsequente, liebevolle, kreative Abgrenzung vorgelebt haben muss. (Der Film wiederum ist sehr ungeeignet in Liebeskrisen, wegen des Schlussdialogs zwischen ihr und ihrem Flieger-As, der sie abholt.)
- Michael mit John Travolta als saftiger, duftender Engel: ein guter Tröste-Film, wenn's um den Glauben an die fundamentale Richtigkeit der Welt geht, nicht aber bei Liebeskummer. (»Ich liebe dich. Heirate mich.« – Der ultimative Film-Schlusssatz.)
- Bird cage in der amerikanischen Fassung mit dem göttlichen Nathan Lane. Und einem wirklich witzigen Gene Hackman (»We are a family, I got all my sisters with me …«).
- Legally blonde mit Reese Witherspoon bei Liebeskummer. (Ich kann das nicht erklären, es ist eine femme-Sache.)
- Bei ernstem Liebeskummer die CD mit Carl Orffs Carmina Burana aus dem einzigen Grund: Omnia sol temperat. Denn:

Ama me fideliter
Fidem meam nota
De corte totaliter
Et ex mente tota
Sum presentialiter, absens in remota
Quisquis amat taliter,
volvitur in rota.

- Alles von Van Morrison, das nicht country ist, besonders die wunderbare Live-CD: A Night in San Francisco und The Healing Game. Heilt mich immer.

- Cole Porter, am besten von Dee Dee Bridgewater gesungen: »It was just one of these things …«
- Und wenn es ganz schlimm kommt: Cassandra Wilson singt Van Morrisons tupelo honey. »She's as sweet as …« Danach kann die Welt untergehen.
- Die Filmmusik zu Wie im Himmel, auf keinen Fall jedoch der Film. Wer ihn kennt, weiß, warum.
- Die Filmmusik zur Rocky Horror Picture Show. Die Rocky Horror Picture Show.
- Lou Begas Mambo No. 5, wenn der Liebeskummer nicht ganz so schlimm ist und ich schon weiß, wo die nächste Party ist.
- Kama-Sutra, der Film der indischen Regisseurin Mira Nair. Aus ähnlichen Gründen, aber die Party kann wegfallen.
- Oscar Wilde's Leben in Briefen. Wegen der Haltung in unhaltbaren Umständen.
- Die Briefe von Virginia Woolf an Vita Sackville West: Geliebtes Wesen.
- Leysieffers Macadamia-Milchschokolade.
- Jede Schokolade von Zotter.
- Walkers shortbread-fingers.
- Ein Tütchen Marzipan-Trinkschokolade von Niederegger.

Das Prinzip ist: mach die Kiste auf, greif rein und sei verstanden, begleitet, berührt, beglückt, beruhigt, getröstet, zum Weinen, vielleicht zum Lächeln gebracht von dem, was du da ergreifst. Ach …

- *Seiden-Taschentücher*. In der Krise nur das Beste.

Weizenduft – du bist allein

> *»Seltsam, im Nebel zu wandern*
> *Leben heißt einsam sein.*
> *Keiner kennt den anderen*
> *Jeder ist allein.«*

Hermann Hesse

Jeder ist allein – wieso soll darin ein Trost liegen?

Mich tröstet die Vorstellung, dass alle Menschen in gewisser Hinsicht immer mit sich allein sind. Das Wichtigste, das Eigenste, die Eindrücke und Gefühle, die uns am meisten berühren, können wir kaum mit anderen teilen.

Wenn ich beim Radfahren im Frühsommer am Weizenfeld vorbeifahre und der Wind in meine Richtung steht, dann rieche ich einen ganz bestimmten, mehligen, sonnigsatten, tiefberuhigenden, silbriggrünen, flüchtigen Duft. Mit *meiner* Nase. Jetzt und hier, in diesem Moment des Vorbeifahrens. Nur ich kann meine Wahrnehmungen machen und verarbeiten. Mitteilung an andere ist dramatischer Datenverlust. Es sei denn, wir wären alle PoetInnen und KünstlerInnen. Die wir sind, und:

Ich bin, wir sind mit dem Weizenduft allein.

Schmerz einatmen – Freude ausatmen

Eine buddhistische Übung, die bei Pema Chödrön[11] wunderbar beschrieben wird, heißt *Tonglen.*

Schmerz einatmen, Freude ausatmen. Das mache ich, wenn ich mit dem Rad über die Marschwege fahre. Und ich bemerke, wie auch die Luft um mich so gegensätzlich ist: warme Sonne, kalter Wind. Und ich merke, wie es eigentlich immer nur ums Loslassen geht, und darin liegt das Geniale der Verknüpfung dieser Inhalte mit dem Atmen: du musst loslassen, wie im richtigen

---

[11] Pema Chödrön: Liebende Zuwendung – Freude im Herzen. Aurum Verlag, Braunschweig 1998, Seite 81 ff.

Leben. Das Einatmen loslassen, das Ausatmen loslassen. Durch die schnelle Folge kannst du die fundamentalen Gefühle *Schmerz* und *Freude* immer nur ganz kurz erleben: einen Atemzug lang. Das verändert die Erlebnisweise: das Fundamentale ist kurz, nicht lang. Es ist absehbar, endlich, und es wird wiederkehren, solange ich atme. Das ist eine Erfahrung, die sehr im Gegensatz steht zum Versinken in einem Gefühl, zum Überschwemmtwerden von einem Gefühl, auch zum Eintauchen in ein Gefühl. Es ist Intensität, aber eben unausweichlich begrenzt. Darin liegt eine große Erleichterung: Intensität, Dichte, Komplexität, Tiefe: ja, aber eben ganz klar begrenzt. Und Wiederkehr und Loslassen. Und kommt wieder. Und loslassen.

Die Freude, der Schmerz werden relativ, nämlich zum Atem, damit zur Zeit. Aber dadurch nicht weniger fundamental, nicht weniger dicht. Es bleibt: die Authentizität. Es verschwindet: das Ausgeliefertsein, die Alternativlosigkeit, das Absolute. Der Schmerz wird anerkannt – und losgelassen. Anerkannt – und losgelassen.

Und das ist eben die buddhistische Wahrheit:

Es gibt Leiden.

Das Leiden kann transzendiert werden.

Das finde ich tröstlich.

Trost bei Nut

Nut ist die ägyptische Göttin, die mit ihrem Bauch die Welt überspannt.

Im Tal der Könige ist sie in einem Pharaonengrab als Deckengemälde zu sehen: Hände auf dem Boden, Füße auf dem Boden, bildet sie eine Brücke über die Erde, und auf ihrem Bauch erscheinen die Sterne. Denn sie verschluckt jeden Abend die Sonne und gebiert sie jeden Morgen neu.

Wenn ich also nachts wach bin und fähig, in den Himmel zu schauen, kann es sein, dass ich fühlen kann: es ist der Bauch von Nut, die sich über die Erde wölbt. *Tröstlich.*

Kuan-Yin

> *»Hervorbringen, aber nicht behalten,*
> *Wirken, aber nicht Wert darauf legen,*
> *Großziehen, aber nicht beherrschen,*
> *Das ist die mystische Urkraft.«*
> Lao-tse, Ode 51[12]

Der chinesische Name der Göttin Kuan-Yin bedeutet: die auf die Laute der Welt hört; und in anderer Übersetzung: *die den (flehenden) Ton der Welt betrachtet.* Sie wird als Göttin des Mitgefühls verehrt.

Die Vorstellung, dass eine Göttin allein dafür da sei, den flehenden Ton der Welt mit Mitgefühl zu hören, sich also nicht einzumischen, sondern nur da zu sein, wahrzunehmen, anzunehmen, finde ich tröstlich.

In der Ode auf die Göttin von Lao-tse wird deutlich, woher Leid und Schmerz kommen kann: vom Festhalten-Wollen, vom Wert-Legen, vom Beherrschen-Wollen. Die Lehre der Kuan-Yin, die sie uns durch ihr mitfühlendes Da-Sein nahelegt, scheint zu lauten: Lass los.

Lotusblüte

> *»Sei wie der Lotus, der sich aus tiefstem Schlamm erhebt:*
> *Lerne Stille von den Schwätzern, Toleranz von den*
> *Engstirnigen und Freundlichkeit von den Unfreundlichen.«*
> Tashimoto

Im Buddhismus steht die Lotusblüte häufig als Symbol für die Schönheit, die sich aus dem Schlamm (Sinnbild der Hässlichkeit, des Unschönen, des Unharmonischen) entwickelt.

Aus Schlechtem wird Gutes, aus Hässlichem, Formlosen wächst Schönes und Wohlgeformtes. In allem ist Veränderung.

---

[12] Zit. nach: Zingsem, Vera: Göttinnen großer Kulturen. dtv, München 1995, Seite 468

Jede Entwicklung ist möglich und ist in jedem Stadium bereits anwesend: Die Lotusblüte im feuchten Schlamm des Sees, der Schlamm des Sees in der Blüte auf dem Wasserspiegel. Die vollkommene Form der Lotusblüte im ungeformten, amorphen Schlamm.

Das Leben der anderen

Es tröstet mich, wenn ich mich dem Leben meiner Freundinnen nahe fühlen kann. Ich kann dann sehen, wie sie alle versuchen, mit zartem, bebenden Herzen, wie Pema Chödrön sagt, ihren Drachen zu begegnen.

Da ist die Freundin, die nach über zwanzig Jahren ihre Ehe aufgelöst hat und nun Schritt für Schritt auf jedem Gebiet ihres Lebens lernen muss, was es heißt, allein zu leben und selbstständig zu sein.

Schritte ins Unbekannte wagen

Da ist die Freundin, die diese Trennung vor zwanzig Jahren herbeigeführt hat und seither, bedingt durch eine fast tödliche Krankheit, einen ganz neuen und anderen Lebensweg als den ihr vorgezeichneten eingeschlagen hat: Sie hat Qigog gelernt, das hat ihr das Leben gerettet, und sie bringt jetzt auf wundervolle Weise anderen diese chinesische Gesundheitsphilosophie und Bewegungslehre nahe.

Da ist die Freundin, die immer wieder unselbstständige, deutlich ältere Frauen als Partnerinnen sucht und mit ihnen unglücklich ist.

Da ist die andere Freundin, die seit ihrer Trennung aufblüht, jünger und beweglicher wird, ihr Potenzial entfaltet, glücklich mit sich lebt und immer wieder sich zurücksehnt in eine Partnerschaft, die sie geknebelt und gefesselt hat:

»Wenn ich manchmal so die Straße langgehe im Sonnenschein und ich fühle mich ganz leicht und glücklich, dann denke ich: wenn doch M. mich jetzt sehen könnte! Und dann wird mir bewusst, dass ich mich selber sehen muss.«

Und liebend annehmen im eigenen traurigen Herzen.

Das tröstet mich.

Die Lounge der Leben zur Frage: Was kann trösten?

Was kann trösten? Diese Frage bewegte heute Abend alle in der Lounge, die wieder mal mit ihrer fließenden Musik und den bequemen Sesseln so richtig einlud, sich entspannt zurückzulehnen und als Leben über das Leben zu philosophieren.

Was kann trösten. Sie sammelten Ideen, indem sie alle Stichworte auf einen großen Block schrieben. Mind-Mapping nannte Elm das.

Was tröstet. Die Hand der Mutter auf der Stirn, wenn man krank ist. Das bunte Pflaster auf der Schramme am Knie. Sich das Lieblingsessen aussuchen können. Das Beschimpfen des Tisches, der sich so schmerzhaft dem Kind in den Weg gestellt hatte. Die Hühnersuppe, die Botin der Gesundung war. Ein Geschenk bekommen. Einfach warm eingehüllt, mit Wärmflasche versorgt dazuliegen. Was vorgelesen kriegen. Weinen können. Im Arm gehalten werden. Ein Lied gesungen zu bekommen. Den Lieblingsteddy in der Nähe. Frühe Erfahrungen von Trost. Kinderlebentrost.

| Übung | **Erinnerungs-Übung** |

Unabhängig davon, wie viel man davon erlebt hat – denn manchmal gibt es nur ein oder wenige Erlebnisse dieser Art, wie z.B. das Glas Apfelsaft, das so schön in der Sonne glitzerte und das man von einer wohlmeinenden Person gereicht bekam –, es ist wichtig und kann tröstend sein, sich diese Erlebnisse mit allen Sinnen präsent zu machen. Bleiben wir beim Apfelsaft, so tauchen wir wie in einen Film der Erinnerung ein. Wie war die Farbe, wie der Geruch, wie fühlte sich das Glas in der Hand an, welche Jahreszeit war es, wie war der Geschmack, wie der erste Schluck auf der Zunge. Wie war der Klang beim Trinken. Alle Sinne sich erinnern lassen. Das kann trösten.

Elm, dessen Mensch ja so viel las, hatte heute seinen großen Tag. Er erzählte von »positive-life-events« oder auch Schatzsuche, einer Übung, die einen Teil des Gehirns anspricht, der dafür sorgt, dass Glücks- und Wohlfühlhormone im Körper ausgeschüttet wurden.

Also, man solle sich hinsetzen, ein wenig entspannen und sich dann Ereignisse ins Gedächtnis rufen, die einem Freude gemacht haben. Es wie einen Film vor dem inneren Auge ablaufen lassen und sich dann das beste Bild davon raussuchen, wie ein Standbild. Es sich so ansehen wie ein Foto z. B. und für sich überlegen, wie alt man wohl auf diesem Bild ist. Kommt noch ein Gefühl von Freude oder Wohlbefinden auf, wenn man das Bild betrachtet? Und welche Fähigkeiten haben geholfen, das Gute zu empfinden?

Miriam hat da so Ideen. Sie meint, achtsam für den Moment zu sein und eine Offenheit für gute Gelegenheiten zu haben und ihr Herz öffnen zu können, wären z. B. solche Ressourcen. Es kann aber auch die Lust an Farben sein, die aufmerksam machen, oder, wie Butsche meint, der Schatz an Erfahrungen, dem man gern, wie ein Schatzsucher, eine neue hinzufügen möchte. Und wenn man das so tut, dann soll man sich überlegen, was das über eine/einen selbst aussagt. Miriam würde sagen, ich bin entspannt und offen. Sprinter fand, dass bei den Erlebnissen, die ihm im Sinn waren, er geduldig und pragmatisch ist. Jeder und jedem aus der Lounge fielen solche Selbstbeschreibungen ein, nur Love hatte so ihre Mühe, etwas so Positives über sich stehen zu lassen und es auszuhalten, dass es etwas Liebenswertes an ihr gibt. Aber sie versuchte, es zumindest einen Moment auf sich wirken zu lassen. Und es tat ihr gut, wie sie dann feststellte.

Dann, im nächsten Schritt, überlegten die Leben, wie sie heute von ihren Schätzen profitierten. Heinz meinte z. B., dass er gut Vorträge halten könne und keine Angst mehr hätte, vor vielen Leuten zu sprechen, ein Schatz aus einer vergangenen Erfahrung. Joni meinte, ihre Beziehungen würden deutlich entspannter und netter werden, was sie ziemlich klasse fand. Andere meinten, dass sie sich weniger getrieben und gestresst fühlen würden. Und Miriam sagte, ihr derzeitiger Mensch würde ihre Lebenszeit nicht mehr behandeln, als sei es nur die Generalprobe des Lebens.

So hatten sie alle eine Idee davon, welchen Wert ihre Schätze heute hatten.

Das kann tröstlich sein.

Manchmal, wenn man sich selbst nicht mehr trösten kann, und auch das kann es geben, darin waren sich alle einig, kann es helfen, zu wissen, dass andere für einen etwas Positives denken. Oder nette SMS schreiben. Zu wissen, dass ein Mensch daran festhält, dass man wieder gesund wird, liebenswert ist oder eine Sache schafft, auch wenn sie erst mal nicht so rosig aussieht, kann helfen. Man kann sich helfen lassen. Und manchmal ist selbst das so schwer, weil Mitgefühl das eigene Herz berührt. Und manchmal kann diese Berührung so schmerzhaft sein, dass man diese Geste nicht zulassen mag. Besser ungetröstet bleiben, als den Schmerz zu spüren, ungetröstet zu sein. Love konnte das so gut verstehen.

Und manchmal, so erzählten die Leben, wenn ihre Menschen mit ihnen allein wären und diese existenzielle Einsamkeit spürten, die sie so auf sich selbst zurückwirft, könnten jene sich diesem Erleben nur ergeben. Dem Moment des puren Seins. Der sanften Stille der Nacht. Der Weite des Himmels, der sich über einen spannt. Dem Geräusch der vom Sturm bewegten Blätter des Baums, das sich dann anhört wie fließendes Wasser. Der Sanftheit des eigenen Herzens. Auch das kann tröstend sein. Die Existenz an sich. Ohne viel zu wollen. Ohne viel zu tun. Einfach nur sein. In dem Moment, sich der bloßen Existenz, dem bloßen Sein hinzugeben. Das meinte jedenfalls Sprinter.

Und es tut gut, sich selbst trösten zu können. Indem man sich der Traurigkeit hingibt und traurige Musik hört oder Filme ansieht, bei denen garantiert ist, dass man weinen muss. Es kann auch tröstlich sein, sich sein Lieblingsessen zu kochen. Oder sich einen Abend nur für sich zu gestalten mit Kerzenschein, Wärme, guter Musik und einer Fußmassage mit dem wunderbar nach Sanddorn duftenden Öl. Es ist tröstlich, gut zu sich selbst zu sein. Darin waren sich alle Leben der Lounge einig. Es ist tröstlich, sich auf sein Leben zu besinnen, wie Sprinter, Heinz, Joni, Miriam, Butsche, Prisoner, Love, Elm und die anderen Leben. Das ist Trost.

Der Abend in der Lounge klang in einer sehr weichen, ruhigen Stimmung nach diesen Gedanken aus. Trost ist zärtlich …

Kraftquelle 12
Leben im Jahreskreis, Leben in Verbundenheit, Leben mit den Elementen

Die Verbindung mit der Natur, mit dem Geschehen im Jahreskreis, mit dem Wetter, dem Wind, dem Licht, dem Leben der Pflanzen, Tiere und Steine, dem Wasser, der Erde, dem Feuer, der Luft, mit allem, was uns natürlich umgibt, scheint eine ganz wichtige Funktion zu haben: Diese Verbindung bringt uns ins Hier und Jetzt.

Stellen Sie sich einen Moment ans Fenster, auf die Terrasse etc. und schauen Sie auf das, was Sie sehen, ohne es zu bewerten. 3–4 Minuten lang. Spüren Sie dem nach.

Eine Freundin erzählt:

»Wenn ich am tosenden, bleigrauen Herbstmeer stehe, umgeben von einem Wind, der so stark ist, dass ich mich hineinlehnen kann, beschienen von einer fahlen gelben Herbstsonne, dann bin ich, wenigstens für Momente, ganz da. Ich fühle, ich spüre, ich atme, ich rieche, ich sehe, ich höre, mein Körper reagiert, ich grabe mich mit den Füßen in den Sand, ich bin ganz wach, ich bin DA. Indem ich DA bin, bin ich auch verbunden mit den Elementen, hier und jetzt.«

Das ist die Beschreibung einer Erfahrung der Unmittelbarkeit im Wortsinn: Es ist nichts dazwischen, kein Gedanke, keine Theorie, kein Gefühl von gestern oder eben noch, keine Planung für morgen, kein Hindenken zu Abwesenden. Die Erfahrung ist direkt, unverstellt, real time, da ist keine Virtualität, keine Möglichkeitsform, kein game over, zweiter Versuch.

»Wenn ich oben auf dem Deich gehe, ist der Wind so stark, dass er mich von den Füßen heben kann, wenn ich mich in meinen Bewegungen nicht genau anpasse. Hier und jetzt. Handlung und Konsequenz sind zeitnah verbunden. Die Verbindung ist klar, eindeutig und direkt: Wenn ich mich falsch in den Wind lehne, wird er mich umwerfen. Niemand und nichts steht zwischen meinem Fehltritt und dem Stolpern oder Stürzen.«

Verbunden sein Es geht um diese Erfahrung der unmittelbaren Verbundenheit, die natürlich auch wesentlich undramatischer sein kann: der Duft frisch geschnittenen Grases wird von Thich Nhat Hanh, dem vietnamesischen Buddhisten, angeführt, um die Köstlichkeit und Frische deutlich zu machen, die in der Unmittelbarkeit des Erlebens liegt.

Subtile Wandlung von Sekunde zu Sekunde, von Tag zu Tag, selbst im Hochsommer, wenn die Welt manchmal für Tage stillzustehen scheint im satten Glanz der prallen Fülle: Veränderung. Manchmal ganz leise, manchmal in dieser Zartheit auch ganz deutlich zu spüren.

»Vor Kurzem wachte ich früh auf und wusste: der Herbst ist da. Über Nacht hatte sich etwas zart, unmerklich fast, geändert. Das Jahr war weitergerückt, in eine andere Sphäre eingetreten. Und ich fühlte: Es geht mir gut.«

Die Lounge macht einen Ausflug

Herbst war es geworden. Nicht, dass die Leben nicht jeder Jahreszeit etwas abgewinnen konnten. Aber gerade dieses goldene, schräg einfallende Herbstlicht, das die gelben, noch grünen, schon braunen und rot-orangen Blätter der Bäume berührte, war an diesem Freitag schon etwas Besonderes. Joni, die ein Auge für sinnliche Erfahrungen und Eindrücke hatte, kam in die Lounge hineingestürmt und brachte diese erdige Kühle mit sich, die der Oktober so haben kann.

Leute, sagte sie, Leute, wir können jetzt nicht hier so rumchillen, wir müssen raus in den Park. Ich hab 'ne Idee, was wir machen können.

Und da die Leben generell neugierig sind und Lust haben, etwas zu unternehmen, bis auf Kurt, der ja bekanntlich gern mal einfach sitzen bleibt und sich nicht rühren mag, folgen sie Joni nach draußen. Und auch Kurt ließ sich mitreißen, zumal er sich auch vor Butsche, der ja so gern in der Natur war, keine Blöße geben wollte. Auch die Leben scheinen so ihren Stolz zu haben...

Also, Joni führte sie in den nahe gelegenen Park, der einen baumumstandenen Platz hatte, von dem aus man aufs Wasser sehen konnte. Als die Leben wie auch Heinz, Elm, Love und die anderen angekommen waren, entdeckten sie, das Joni offenbar etwas vorbereitet hatte. Sie konnten einen aus Steinen gelegten Kreis erkennen.

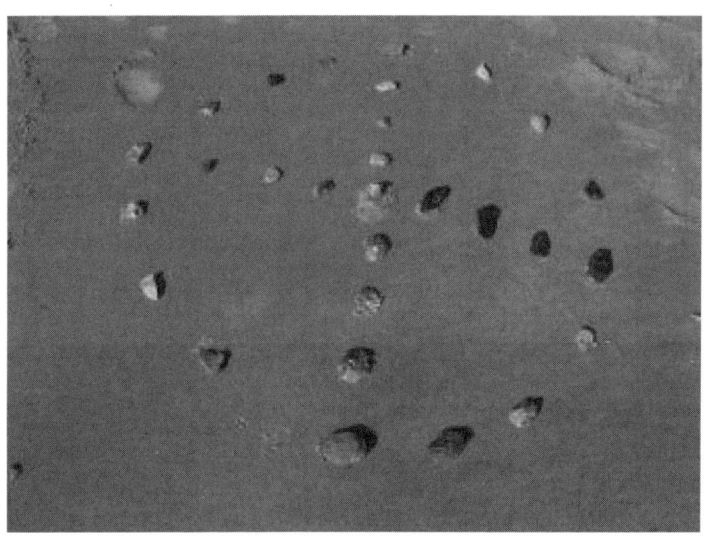

Joni tat geheimnisvoll. Elm meinte, so etwas schon mal gesehen zu haben, Butsche vermutete einen Hinweis auf ein Sternbild, und Love, gewohnt, sich in den Irrungen und Wirrungen der Liebe zu bewegen, dachte an ein Labyrinth. Prisoner kam dann die Idee der vier Himmelsrichtungen – und er lag richtig damit. Joni erläuterte, dass es sich tatsächlich auf die vier Himmelsrichtungen bezog. Sie hatte das Symbol extra unter Zuhilfenahme eines Kompasses nach den Richtungen ausgelegt. Jetzt, wo das Geheimnis zumindest teilweise gelüftet war, wollten die Leben wissen, was es damit auf sich hatte. Joni sagte, es wäre symbolisch zu verstehen. Im Osten der Sonnenaufgang, im Süden der höchste Stand der Sonne, im Westen der Sonnenuntergang und im Norden die Nacht. Und diese Tages- und Sonnenzyklen würden im Leben eines Menschen alles durchlaufen und man könnte, auch als Leben, alles von dort aus betrachten wie z. B. einen Wunsch, das Jahr, das eigene Leben … Deswegen auch der mittlere Stein, der Dreh- und Angelpunkt sozusagen.

Nicht alle wollten gleich mitmachen, einige wollten erst mal nur zusehen, was Joni da vorhatte. Butsche machte den Vorstoß. Er wollte sich sein Jahr angucken. Joni lud ihn ein, sich in Richtung Osten, symbolisch der Ort der aufgehenden Sonne, zu stellen und sich überlegen, was denn alles so neu begonnen hatte und was er neu initiiert hatte in seinem Jahr. Sie ließ ihm Zeit, darüber nachzusinnen. Dann sollte er weiter nach Süden gehen und sich überlegen, was davon zur Blüte gekommen und erfolgreich war. Weiter im Osten ließ sie ihn darüber nachdenken, was zu Ende gegangen war oder hatte abgeschlossen werden können. Und im Norden ließ sie ihn über das, was als Vision oder neue Idee noch wie ein Same in der Erde liegt, sinnieren. Das Ganze dauerte gut eine halbe Stunde. Und im Grunde, das berichteten sie später, hätten alle für sich diese Schritte im Inneren bei der einen oder anderen Sache nachvollzogen. Butsche selbst war ganz erstaunt, was ihm so alles in den Sinn gekommen war. Und es fiel ihm auf, wie reich sein Jahr gewesen war. Und er war neugierig, was im kommenden Jahr wohl aus seinen Visionen, seinen gesäten Samen erwachsen würde. Dies Ritual wollte er unbedingt als Orientierungshilfe zu seinem Menschen bringen. Da könne man ja so richtig mit sich auf Kurs bleiben, meinte er staunend.

Prisoner äußerte etwas knautschig, da käme man ja nie raus aus dem Rad. Das fände er ja gar nicht gut. Und Heinz fragte sich, ob sein Mensch wohl die Geduld aufbringen würde, lang genug stehen zu bleiben, um die einzelnen Stationen zu durchdenken und dem nachzuspüren. Love hingegen war optimistisch. So achtsam mit sich selbst zu sein und symbolisch so verbunden mit der Welt könne doch nur gut sein.

Zeit für ein Getränk, meint Kurt dann, den es offenbar zurück auf den Loungesessel zog.

Nachwort
Der Tanz des Schmetterlings: verliebt in den Moment

Der Tanz des Schmetterlings: absichtslos, von Lust bestimmt, ganz im Hier und Jetzt, wagemutig, fröhlich, hingebungsvoll, ganz leicht, in sich selbst versunken, heiter, inspiriert …

Übung

Finden Sie für sich mehrere Satz-Fortsetzungen, oder schreiben Sie eine Geschichte auf, die Ihnen dazu einfällt:
Wenn ich Schmetterlinge tanzen sehe,
…
…
…

Eine Klientin erzählt:

»Ich habe im Garten einen Schmetterlingsflieder so gepflanzt, dass ich ihn vom Schreibtisch aus sehen kann. Er blüht mitternachtsblau, und wenn im Frühjahr, Sommer und Herbst die Schmetterlinge kommen und ich sie um die tiefdunklen Blüten tanzen sehe, dann erheitert mich das und lässt mich ganz leicht und glücklich sein …«

Die Leichtigkeit, das Wagnis, das kleine Risiko, das Gefühl, etwas zu tun, das ich noch nie getan habe, etwas Albernes vielleicht, etwas Neues, etwas, das eigentlich gar nicht zu mir oder zur Lage passt, etwas Unernstes, Heiteres, Doofes, Ausgelassenes …, gibt uns Farbe, Glanz, Ausdruck, steigert das Lebensgefühl: verliebt in den Moment.

Die Ressource des Schmetterlings: Köstlichkeit und Frische

des unmittelbaren Erlebens, der lustvollen und absichtslosen Verbundenheit mit sich selbst, das heitere Wagnis, sich auf den eigenen Tanz einzulassen, verliebt in den Moment.

Vielleicht erinnern Sie sich an die buddhistische Geschichte, die in der Einleitung dieses Buchs zitiert wurde: Sie handelt von der Frau, die von Tigern gejagt wird und, an der Liane hängend, die von einer Maus benagt wird, vor sich im Felsspalt eine Erdbeere sieht. Tiger von oben, Tiger von unten, und sie steckt sich die Erdbeere in den Mund und genießt sie.

Das ist der Tanz des Schmetterlings.

Die Verliebtheit in den Moment ist das Geschenk der Krise.

Nicht mehr, aber auch nicht weniger.

Dank der Autorinnen, Seminare und Kontakt

Claudia Fuchs: Ich danke meiner Co-Autorin Rich Schmidt, von der ich lernen durfte, wie wichtig persönliche Ressourcen und persönliche Unabhängigkeit sind.

Ich danke außerdem der Nord-Ostsee-Sparkasse auf Föhr mit ihrem Leiter Herrn Heiko Runge, die mir eine unbezahlbare Ressource zur Verfügung gestellt haben: einen Winter lang Zeit zum Schreiben.

Rich Schmidt: Mein Dank geht an alle, die ich lieben durfte und die mich geliebt haben und die in Freundschaft mit mir verbunden sind.

Zu den Themen dieses Buches veranstalten die Autorinnen Lesungen, Workshops und Seminare für verschiedene Gruppen unter dem Titel: »Ich will nur die AUFs!« – The Lucy Way.

Bei Interesse informieren Sie sich bitte auf den folgenden websites:

www.Fuchs-Foehr.de
www.psychologisch-schamanische-praxis.de

Ressourcen des guten Lebens: Bücher, Medien, Orte ...

Eine kommentierte Auswahl

Alle hier aufgelisteten Medien wurden von uns in Seminaren und Einzelsitzungen als Materialien eingesetzt und ausprobiert, bzw. haben uns in unserer Arbeit inspiriert und begleitet.

Allende, Isabel: Aphrodite. Eine Feier der Sinne. Suhrkamp, Frankfurt am Main 1999
Sinnlich, kulinarisch, heiter, südlich.

Barkawitz, Suzanne: Vegan genießen. Pala-Verlag, Darmstadt 2000
Stellt die vegane Küche im Kontext einer Ernährungsumstellung wegen Krankheit vor und bietet viele zugängliche und leckere Rezepte.

Beattie, Melody: Die Sucht, gebraucht zu werden. Heyne Verlag, München 1990
Gibt Informationen über co-abhängiges Verhalten und dessen Hintergründe und wie man lernen kann, gut bei sich zu bleiben.

Beitel, Erhard: Bochumer Gesundheitstraining. Ein ganzheitliches Übungsprogramm. Verlag modernes Leben – Bochum, Dezember 1996
Ein psycho-soziales Training zur Ressourcenerweiterung mit Erläuterungstexten, Fragebögen, Visualisierungen.

Bieri, Peter: Das Handwerk der Freiheit. Über die Entdeckung des eigenen Willens. Fischer Taschenbuch Verlag, Frankfurt 2003
Lesbare, alltagstaugliche Annäherungen an einen aktiven Freiheitsbegriff: Freiheit ist etwas, das wir für uns herstellen können.

Brinton Perera, Sylvia: Descent to the Goddess. A way of initiation for women. Studies in Jungian psychology 6, Inner city books, Toronto 1981

Tiefenpsychologische Untersuchungen zum Mythos der sumerischen Himmelskönigin Inanna, die deutlich machen, wie stimmig und hochinteressant dieser 4500 Jahre alte Mythos aus dem Zweistromland zwischen Euphrat und Tigris noch heute ist.

Büssing, Arndt: »Regen über Kiefern«. Zen-Meditation für chronisch Kranke und Tumorpatienten. Mayer Verlag, Stuttgart 2001
Poetisch, zentrierend, beruhigend.

Cameron, Julia: Von der Kunst des Schreibens … und der spielerischen Freude, die Worte fließen zu lassen. Knaur Verlag, München 2001
Ein Klassiker des US-amerikanischen *creative writing*. Mit Tipps und Betrachtungen einer erfahrenen Schreiblehrerin, die helfen, pfleglich und wertschätzend mit der eigenen Kreativität umzugehen.

Chopich, Erika J. / Paul, Margaret: Aussöhnung mit dem inneren Kind. Ullstein Verlag 2005
Zu diesem eher theoretischen Buch gibt es auch ein sehr zugängliches Arbeitsbuch mit vielen Anregungen und Übungen. Ein Klassiker der Inneren-Kind-Arbeit.

Chödrön, Pema: Wenn alles zusammenbricht. Hilfestellung für schwierige Zeiten. Goldmann Verlag, München 2001
Die Leiterin eines buddhistischen Klosters in Kanada gibt inspirierende Hinweise zum gelasseneren und wohlwollenderen Umgang mit sich selbst in Krisensituationen.

Cipolla, Carlo M.: Allegro ma non troppo. Die Rolle der Gewürze und die Prinzipien menschlicher Dummheit. Wagenbach Salto, Berlin o. J.
Der italienische Wirtschaftshistoriker untersucht auf höchst amüsante Weise Konstanten menschlichen Handelns: Die Dummheit, die Betrügerei, die Klugheit …

Csikszentmihalyi, Mihaly: Flow. Das Geheimnis des Glücks. Klett-Cotta Verlag, Stuttgart 1992
Der Klassiker der Glücksforschung.

Epiktet: Wege zum glücklichen Handeln. Insel Verlag, Frankfurt am Main 1992
Der Stoiker macht die Lehre von der stoischen Gelassenheit deutlich: Bleib bei dir, entscheide deine Haltung zu dem, was geschieht.

Geo Heft 08/August 2002: Lebenslaufforschung.

Gibbons, Stella: Cold Comfort Farm. Penguin classics, London 2000

Heitere und recht britische Geschichte über eine Ansammlung von Menschen mit ganz speziellen Problemen und Lebenseinstellungen, die eine junge Frau einfach durch ihr Da-Sein und ihr So-Sein zu klären und zu lösen vermag.

Grimm, Jutta: Brotaufstriche selbstgemacht. Süßes und Pikantes aus der Vollwertküche. Pala-Verlag, Darmstadt 2002, www.pala-verlag.de
Selbst gemachte Brotaufstriche sparen Geld, sind gesünder, weil weniger konserviert, und helfen bei vegetarischer Ernährung, genügend Proteine aufzunehmen. Sie können leicht und einfach auch mit Kindern zusammen hergestellt werden und schmecken besser als viele Fertigprodukte.

Herz-Sommer, Alice: Ein Garten Eden mitten in der Hölle, bearb. Melissa Müller und Reinhard Piechocki, Droemer Verlag, München 2006
Alice Herz-Sommer wird 1903 in Prag geboren. Es wird ihr Leben in politischen Umbruchszeiten und auch ihr Überleben als Musikerin in Theresienstadt erzählt. Ihr Bild von heute auf dem Buchrücken zeigt eine ungebrochene Frau. Wir dürfen beim Lesen gespannt sein auf ihre Ressourcen.

Hornfeck, Susanne / Ma, Nelly: Die acht Schätze der chinesischen Heilküche. dtv, München 2004
Essen ist Medizin, vernünftiges und jahreszeitenangemessenes Essen hält gesund. Leckere und ungewöhnliche Rezepte für Frühlingszwiebel, Ingwer, Rettich, Pilze und Co.

Isani, Sylvia Leela / Janson, Christine: Ein Fest der Sinne. Wohlfühlrituale für jeden Monat. Smaragd Verlag, Woldert 2001
Rituale, Naturheilmittel, Heilpflanzen, Schönheitstipps und Kochrezepte für jeden Monat. Ein leichtes, inspirierendes Buch, das zum Selbermachen anregt.

Kabat-Zinn, Jon: Gesund durch Meditation. Das große Buch der Selbstheilung. O. W. Barth Verlag 2003
Gibt einen Überblick über die Kraft der Meditation und zum Thema Achtsamkeit.

Levine, Stephen: Sein lassen. Heilung im Leben und im Sterben, 4. Auflage 2001, Bielefeld: J. Kamphausen-Verlag
Auch wenn das Leben sich dem Ende zuneigt, ist es Lebenszeit, die sinnvoll gestaltet sein will. Dazu lädt Levine ein.

Parnell, Laurel: Transforming Trauma EMDR, W.W. Norton & Company, New York 1997

Eine effektive Behandlungsmethode, die ich als Psychotherapeutin in der Therapie nutze, insbesondere bei traumatischen Erfahrungen.

Pattison, Eliot: Das Auge von Tibet, Aufbau Taschenbuch, Berlin 5. Auflage 2004

Ein Krimi, der in Tibet spielt und Hintergründe sowohl des tibetischen Buddhismus als auch der politischen Situation in Tibet beschreibt.

Poensgen-Heinrich, Astrid: Köstliche Kartoffelküche. Pala Verlag, Darmstadt 2002

Köstliche Knolle, einfach und billig, daher oft unterschätzt. Bereichert die vegetarische Küche!

Reddemann, Luise: Überlebenskunst. Von Johann Sebastian Bach lernen und Selbstheilungskräfte entwickeln. Mit CD. Klett-Cotta, Stuttgart 2006

Seelische Widerstandskraft entwickeln lernen am Beispiel von Johann Sebastian Bach (mit Musikstücken von ihm).

Reddemann, Luise: Imagination als heilsame Kraft. Klett-Cotta, Stuttgart, 12. Auflage 2006

Mit inneren Vorstellungsbildern (Visualisierungen), die eigenen Kräfte zu stärken und sich selbst helfen zu können.

Rilke – in jeder Form

z. B. als CD des Rilke-Projekts, Musik und Texte, oder die unsterblichen Liebesgedichte, die Rosengedichte, die Briefe an einen jungen Dichter … »Wie soll ich meine Seele halten …«

Theo Roos: Philosophische Vitamine. Die Kunst des guten Lebens. Kiwi, Köln 2005; Theo Roos: Neue Philosophische Vitamine. So lass uns leben! Kiwi, Köln 2007

Die Bücher basieren auf Fernsehbeiträgen für das Kulturmagazin »Kulturzeit« auf 3sat. Originell, witzig, fundiert und manchmal provokativ wird die Essenz der Botschaft verschiedener PhilosophInnen als Vitamin, als unverzichtbares Lebens-Mittel formuliert.

Rosenberg, Kerstin: Das große Ayurveda-Buch. Gräfe und Unzer, München 2004

Ayurveda als Lebenslehre, als Gesundheitslehre, als Essensphiloso-
phie … Mit satten Bildern und Rezepten, Genuss für alle Sinne.

Rosenberg, Marshall B.: Gewaltfreie Kommunikation. Eine Sprache des
Lebens. Junfermann Verlag, Paderborn 2005
Klassiker der Konfliktbearbeitung, sehr anregend, um zu erkennen,
wie wir andere Menschen in den Dienst unserer eigenen Konflikt-
bewältigung zu stellen versuchen.

Ruland, Jeanne: Krafttiere begleiten dein Leben. Schirner Verlag, Darmstadt 2004
Tiere als Spiegel der Seele und Helfer bei der Selbstsorge und Selbst-
exploration.

Schmid, Wilhelm: Mit sich selbst befreundet sein. Von der Lebenskunst
im Umgang mit sich selbst. Suhrkamp Verlag, Frankfurt am Main
2004
Der Titel ist Programm. Dieses Buch ist wie eine Pralinenschachtel.
Man kann einen Teil lesen und ihn sich auf der Zunge zergehen lassen.

Simonton, Carl O., Reid M. Henson und Brenda Hampton: Auf dem
Wege der Besserung. Schritte zur körperlichen und spirituellen Hei-
lung. Rowohlt Tb Januar 2004
Ein Selbsthilfebuch zum Umgang mit der Krebserkrankung mit vielen
Beispielen und Übungen.

Simonton, Carl O., Stephanie Matthews Simonton, James Creighton:
Wieder gesund werden. Sonderausgabe Rowohlt Tb März 2001
Mit Visualisierungen sich selbst, neben anderen Behandlungen, hel-
fen und Lebenskräfte freisetzen.

Swann, Leonie: Glennkill. Ein Schafskrimi. Goldmann, Juni 2007
Schafe klären den Mord an ihrem Schäfer auf.

Voigt, Ziriah: Heilungsfäden spinnen. Verlag Gisela Meussling, Bonn
2005
Z. Voigt zeigt Heilungswege auf, die mit Naturerlebnissen und Kreis-
tänzen zu tun haben.

Vollmer, Tanja C.: »Himmel, Arsch und Wolkenbruch« – Mit Krebskran-
ken auf der Suche nach dem Reim auf ihr Schicksal. Ein ungewöhn-
liches Handbuch über die Bibliotherapie. Herbert Utz Verlag, München 2004

Sinn machen durch Schreiben in einer Lebenskrise, ganz praktisch an Beispielen und Gesprächen vorgeführt.

Weinrich, Harald: Knappe Zeit. Kunst und Ökonomie des befristeten Lebens. C. H. Beck Verlag, München 2004
Vita breva, ars longa: Der Romanist zeigt an zahlreichen Literaturbeispielen, wie die Vorstellung von der Kürze des Lebens und der Länge der Kunst sich durch die Zeiten zieht.

Wetzel, Sylvia: Leichter leben. Praktische Meditationen zum Umgang mit Gefühlen. Theseus Verlag, Berlin 2002, www.sylvia-wetzel.de
Der Umgang mit Gefühlen gehört leider nicht ins Lernprogramm der Schulen. Die deutsche Buddhistin und Psychologin eröffnet neue Perspektiven zum aktiven Kennenlernen der eigenen Gefühlswelt und zum liebevollen Umgang mit sich selbst.

Wilde, Oscar: Mein Name ist Prinz Paradox – Oscar Wilde zum Vergnügen. Reclam Verlag, Stuttgart 2000
Haltung in unhaltbaren Umständen, Eleganz und Eloquenz des klassischen Dandy, der sich selbst treu bleibt.

Wolkstein, Diane / Kramer, Samuel Noah: Inanna. Queen of heaven and earth. Her stories and hymns from sumer. Harper & Row, Cambridge 1983
Eine Sammlung von Nachdichtungen der kompletten Mythen um die sumerische Gottkönigin Inanna, eine der ältesten aufgeschriebenen Entwicklungsgeschichten der Menschheit aus dem Zweistromland. Mit erklärenden Aufsätzen und historischen Abbildungen.

Medien

Bayer, Dr. G. / Deuter: In Trance. Heilung des Bewusstseins. 5 CDs. De-Hypno Verlag, Pestalozzistr. 40B, 80469 München, Tel. 0 89-26 78 36, www.dehypno.de
Zehn Erikson-Trancen zur Heilung des Bewusstseins und der Chakren. Die Trancen orientieren sich an den Themen der Chakren wie Basis, Herzheilung, Leere, Intuition und sprechen die emotionale Intelligenz an.

Berger, Walter: Flugtraum. Mentalis Verlag 1998
Spezielle Entspannungsmusik, die an der Pulsfrequenz orientiert ist.

Buntrock, Martin: Traumreise. Mentalis Verlag 2000
Entspannungsmusik zum Wegträumen.

Choying Drolma, Ani: Spirituelle Gesänge einer tibetisch-buddhistischen Nonne. Verschiedene CDs, www.choying.com
Spirituelle Gesänge und Mantras, die von manchen Menschen als sehr zu Herzen gehend erlebt werden. Die Nonne hat in Kathmandu eine Schule gegründet, in der Mädchen und Frauen bis zur nepalesischen Hochschulreife ausgebildet werden.

1001. 55 Bildkarten zum Erfinden von tausendundeiner Geschichte. OH-Verlag, Kirchzarten 2003, www.OH-Cards.com
Bildkräftige Anregungen zum Schreiben und Erzählen.

Dowland, John: complete lute works, Vol. 1 Paul Odette, lute & orpharion. Harmonia mundi 907160
Englische Renaissance-Musik, die grade eine verdiente Renaissance erlebt. Auf der Laute gespielt, bildet sie einen anregenden und beruhigenden Hintergrund für Entspannungsprozesse und kreatives Schreiben.

Duftöle als Raumduft, im Zimmerspringbrunnen, als Tropfen aufs Duftsäckchen oder aufs Taschentuch, als Massageöl und Dusch- oder Badezusatz.
Achten Sie auf außerordentlich gute, naturbelassene Qualität und geben Sie dafür auch etwas mehr Geld aus. Die Autorinnen vertrauen den Firmen Weleda und Primavera und verwenden die Öle auch im therapeutischen Sinn: testen Sie sich durch das Angebot und schauen Sie, zu welchem Duft Sie sich wann hingezogen fühlen und wie der Duft auf Sie wirkt! Vielleicht möchten Sie eine ganz persönliche Auswahl treffen und sich täglich mit den Düften umgeben, die Sie grade brauchen: zur Stärkung, zum Schutz, zur Inspiration …

Grönemeyer, Herbert: Mensch, Bochum, 12 … CDs
Wer ihn kennt, weiß, warum …

Jarmusch, Jim: Down by Law (Film)
Ein Film mit Tom Waits, John Lurie und Roberto Benigni. Drei Häftlinge auf einer Odyssee durch Louisiana. Weise, schräg, witzig.

Jazz in vielfacher Form, u. a. Solveig Slettahjell, Stan Getz, Miles Davis, Thelonious Monk, Coleman Hawkins … CDs

Kabat-Zinn, Jon: Stressbewältigung durch die Praxis der Achtsamkeit. Arbor Verlag, Freiamt 1999. Buch und CD

Stärkung der Gesundheit durch Meditation und eine visualisierte und gefühlte Reise durch den Körper (bodyscan).

Marashinsky, Amy Sophia: Göttinnengeflüster. Mit Orakeln und Ritualen zur eigenen Kraft. Schirner Verlag, Darmstadt 2003

Enthält Bildkarten von 52 Göttinnen aus verschiedenen Kulturen, denen seelische Äquivalente zugeordnet werden. (Beispiel: die sumerische Göttin Inanna: Begegnung mit dem Schatten) In Anrufungen, kurzen historischen Beschreibungen, Deutungen und einfachen Ritualvorschlägen kann der jeweilige Gehalt durchgearbeitet werden. Für die Einzel- und Gruppenarbeit geeignet.

Noll, Shaina: Songs for the inner child. Singing heart productions 1992, www.shainanoll.com

Stimme und Lieder von Shaina Noll sprechen bei manchen Menschen direkt das innere Kind an und sind geeignet zur Beruhigung und zum Nähren.

Reddemann, Luise: CD »Imagination als heilsame Kraft«, Übungen zur Aktivierung der Selbstheilungskräfte. Klett-Cotta, Stuttgart 2006

Enthält u. a. imaginative Übungen zum eigenen Wohlfühlort.

Den inneren Ruheort finden, Gepäck ablegen, sich verwurzeln wie ein Baum – diese und andere Imaginationsübungen laden ein, innere Kräfte aufzubauen.

Reddemann, Luise: Dem inneren Kind begegnen. Hör-CD. Klett-Cotta, Stuttgart 5. Auflage, 2007.

Dem inneren Kind zu begegnen heißt, sich mit der Quelle des eigenen Lebens zu verbinden. Es ist der Kontakt zum Kind-Ich, aus dem Inspiration, Beweglichkeit und Kreativität sowie die Neugierde auf das Leben geweckt und gestärkt werden kann.

»Gefangen in der Hölle« (To End All Wars). USA 2000, Regie: David L. Cunningham, mit Robert Carlyle, Kiefer Sutherland u. a.

Ein Kriegsdrama, in dem alliierte Gefangene in einem Lager in Thailand 1942 sich in zwei Fraktionen aufspalten: die einen gründen eine Dschungelakademie, die anderen planen die Flucht. Interessant zu sehen, wie diejenigen, die sich im Hier und Jetzt philosophisch verorten, ihre schwierige Lage besser meistern können als diejenigen, die um jeden Preis fliehen wollen. Wer wird das Lager überleben, ohne psychisch zugrunde zu gehen? Die unterschiedlichen Lebenshaltungen Gesetz ist Recht, Christentum, Widerstand, Philosophie sind vertreten durch einzelne Männer, die ihr Leben in dem Lager zu bewältigen suchen. Am Ende, so viel kann verraten werden, überleben die Philosophen. Das, was einem Menschen Sinn gibt, beflügelt die Kräfte.

Moleskine-Bücher als Notizbücher

Gibt es mittlerweile wieder in vielen Papeterien, Buchläden und Schreibwarenläden in unterschiedlicher Größe und Ausstattung. Bruce Chatwin schrieb seine Reisetagebücher in moleskines. Sie werden mit einem Gummiband zusammengehalten. Von der Firma authentics gibt es eine passende Halterung für den Stift, das ist praktisch für unterwegs.

Wandelwinde. Ein Legespiel in 101 + 7 Karten. Bruno Hanhn/sonnenblau, Eisenbahnstraße 6, 51545 Waldbröl, www.sonnenblau.com

Karten mit Flechtbandornamenten aus verschiedenen Kulturen lassen sich beliebig aneinanderlegen und bilden einen anregenden Hintergrund für gedankliche oder erzählerische Prozesse allein oder in der Gruppe. Auch als Impuls für das kreative Schreiben geeignet.

Orte

Buddhistisches Zentrum Liebe Kraft Weisheit. Kastanienhof, Kleine Rainstraße 44 , 22765 Hamburg-Ottensen, Tel. 040-39903360

Leiterin Dr. Sylvia Kolk, website www.Sylvia-Kolk.de

Moderne Stadtpraxis mitten in Hamburg-Altona, Oase der Ruhe und Meditation, zahlreiche Angebote für Interessierte.

Haus der Stille e. V., Buddhistisches Meditationszentrum, Mühlenweg 20, 21514 Roseburg, Tel. und Fax 04158-214, E-Mail info@hausderstille.org website: www.hausderstille.org

Villa im Park am Mühlteich nahe Hamburg, Sitz der deutschen Buddhisten seit vielen Jahren, zahlreiche unterschiedlichste Seminarangebote, Vorträge, Schweigetage.

Friederike Potreck-Rose
Von der Freude, den Selbstwert zu stärken
Klett-Cotta Leben!
4. Auflage 2008
128 Seiten
broschiert
ISBN 978-3-608-86004-7

Sich selbst wachsen lassen

Das Selbstwertgefühl langfristig zu stabilisieren, zu stärken und wachsen zu lassen ist der Wunsch vieler Menschen. Sie erhalten mit diesem Buch konkrete Anregungen, in der Praxis bewährte Übungen und hilfreiche Hintergrundinformationen.

»Dieses überaus praktisch orientierte und interessant geschriebene Buch ist eine Einladung zur Selbstentdeckung und Selbstentwicklung, das jeder selbsterfahrungsorientierten Person ans Herz gelegt werden kann.«
Handbuch für ErzieherInnen

KLETT-COTTA *Leben!*